José Luis Manrique Yáñez

REGÊNCIA CORAL E INSTRUMENTAL:
primeiros passos para a gestualidade da interpretação musical

Rua Clara Vendramin, 58 . Mossunguê
CEP 81200-170 . Curitiba . PR . Brasil
Fone: (41) 2106-4170
www.intersaberes.com
editora@intersaberes.com

Conselho editorial
Dr. Alexandre Coutinho Pagliarini
Drª Elena Godoy
Mª Maria Lúcia Prado Sabatella
Dr. Neri dos Santos

Editora-chefe
Lindsay Azambuja

Gerente editorial
Ariadne Nunes Wenger

Assistente editorial
Daniela Viroli Pereira Pinto

Preparação de originais
Gilberto Girardello Filho

Edição de texto
Millefoglie Serviços de Edição
Monique Francis Fagundes Gonçalves

Capa e projeto gráfico
Charles L. da Silva
Ground Picture/Shutterstock (imagem de capa)

Diagramação
Regiane Rosa

Equipe de *design*
Charles L. da Silva

Iconografia
Regina Claudia Cruz Prestes
Sandra Lopis da Silveira

Dados Internacionais de Catalogação na Publicação (CIP)
(Câmara Brasileira do Livro, SP, Brasil)

Manrique Yáñez, José Luis
   Regência coral e instrumental : primeiros passos para a gestualidade da interpretação musical / José Luis Manrique Yáñez. -- Curitiba : Editora Intersaberes, 2023. -- (Série como a banda toca)

   Bibliografia.
   ISBN 978-65-5517-068-9

   1. Banda (Música) 2. Coros (Música) 3. Música - Interpretação 4. Orquestras 5. Regência (Música) 6. Regência coral 7. Regência de coros I. Título. II. Série.

22-125434   CDD-782.5145

Índices para catálogo sistemático:
1. Regência coral e instrumental : Música 782.5145

Cibele Maria Dias - Bibliotecária - CRB-8/9427

1ª edição, 2023.

Foi feito o depósito legal.

Informamos que é de inteira responsabilidade dos autores a emissão de conceitos.

Nenhuma parte desta publicação poderá ser reproduzida por qualquer meio ou forma sem a prévia autorização da Editora InterSaberes.

A violação dos direitos autorais é crime estabelecido na Lei n. 9.610/1998 e punido pelo art. 184 do Código Penal.

SUMÁRIO

8 Prefácio
12 Apresentação
16 Introdução
19 Como aproveitar ao máximo este livro

Capítulo 1
24 PRINCÍPIOS

25 1.1 História e desenvolvimento da regência
34 1.2 A pessoa regente
39 1.3 Comunicação verbal e gestual
44 1.4 Aquecimento corporal e saúde
47 1.5 Métodos de estudo

Capítulo 2
57 Gestos

58 2.1 Organicidade
63 2.2 Gestos fundamentais
74 2.3 Tempos ativos e passivos
77 2.4 Gestos complementares
84 2.5 Articulações e dinâmicas

Capítulo 3
94 Interpretação

- 95   3.1 Fruição da arte
- 101   3.2 Etnomusicologia
- 111   3.3 Capital artístico
- 116   3.4 Preparação de uma interpretação musical
- 125   3.5 Contemporaneidade

Capítulo 4
134 Regência coral

- 135   4.1 Organização de um coro
- 141   4.2 Introdução à fisiologia vocal
- 146   4.3 Tipos de coro e possibilidades de distribuição
- 151   4.4 Elementos do ensaio coral
- 154   4.5 Particularidades do gestual para coro

Capítulo 5
161 Regência instrumental

- 162   5.1 Organização de um grupo instrumental
- 164   5.2 Introdução à orquestração
- 169   5.3 Formações instrumentais e possibilidades de distribuição
- 174   5.4 Elementos do ensaio instrumental
- 176   5.5 Particularidades do gestual para grupos instrumentais

Capítulo 6
183 Casos de estudo

184 6.1 Aspectos gerais
187 6.2 Estudo de obra I: *Jesu, Rex Admirabilis* – Giovanni Pierluigi da Palestrina
197 6.3 Estudo de obra II: *Onde está a honestidade?* – Noel Rosa
206 6.4 Estudo de obra III: *Sinfonia n. 2 em Ré Maior, Op. 36*, 1º movimento – Ludwig van Beethoven
218 6.5 Comentários gerais e dinâmica de ensaios

224 Considerações finais
226 Referências
233 Bibliografia comentada
238 Anexos
241 Apêndice
242 Respostas
244 Sobre o autor

À Editora InterSaberes pela confiança em minha vivência como regente de grupos artísticos na cidade de Curitiba e como educador, exercendo o papel de professor conteudista do curso de Licenciatura em Música do Centro Universitário Internacional Uninter.

A meus professores e professoras e à Universidade Estadual do Paraná (Unespar), por acreditar em um estrangeiro que chegou ao Brasil com sua mala repleta de sonhos.

A minha família, em especial a Luana Catherine de Souza, Olga Yañez e Calvin, pelo amor, pela compreensão e pelas diversas formas de auxílio que me ofereceram no período de escrita desta obra.

A meus colegas, pelas infinitas parcerias sonoras por meio das quais crescemos como comunidade musical.

E, seguindo a regra de que os últimos serão os primeiros, ao Sagrado que habita nosso peito, essência da qual viemos e à qual voltaremos.

*A Verdade é sinfônica. Sinfonia remete à
consonância. Ela ressoa. A diversidade ressoa.
Os diversos elementos ressoam, misturando-se
uns nos outros.*

Hans Urs von Balthasar

PREFÁCIO

A relação entre a regência musical e a literatura escrita sobre regência é eminentemente problemática. A primeira é uma atividade prática, marcada pelo saber fazer mais do que pelo saber como se sabe. A outra é destinada à fixidez das palavras impressas no papel, que parecem ser sempre incapazes de fixar o que é móvel, de descrever em palavras e conceitos o que é antes experiência dos sentidos. Não obstante, ecoando Goethe, se falar de arte é uma empreitada de antemão condenada ao fracasso, no esforço de fazê-lo, muito se aprende. Por impossível que seja, é uma empreitada necessária.

Em grande medida, esta necessidade de literatura sobre regência é também prática. A institucionalização das várias esferas da vida e o quase monopólio do ensino pela academia não deixaram escapar a música, incluindo a regência. As muitas camadas do fazer musical que durante séculos se ensinaram pela prática e pelo exemplo, em relações personalizadas de mestre-discípulo já há muito migraram para as classes de conservatórios, escolas e, mais recentemente, universidades. Este movimento de universalização requer generalização; a qual, por sua vez, requer pontos de referência, fixados em forma de texto. Nessa esteira, a assimilação da regência nos espaços acadêmicos torna premente uma bibliografia, para que conste em planos e cursos, dos variados projetos pedagógicos, como obras de referência em concursos públicos.

Evidentemente, essa bibliografia já existe globalmente em quantidade e qualidade substancial há décadas. Em língua portuguesa, no entanto, o cenário é ainda restrito. Livros originalmente publicados há mais de quatro décadas permanecem as principais referências em cursos e concursos, e textos mais recentes nem sempre contêm a concretude prática ou a abrangência de escopo necessária.

Regência coral e instrumental: primeiros passos para a gestualidade da interpretação musical, de José Luis Manrique Yáñez, vem habitar esses difíceis espaços subpovoados. Este livro se soma a outros esforços recentes dedicados a constituir uma bibliografia substancial sobre regência musical em língua portuguesa. A tarefa a que Manrique Yáñez se propõe é concomitantemente modesta e desafiadora. Por um lado, é declaradamente um livro de "primeiros passos". Dedica-se ao músico e ao leitor que ou está iniciando na regência, ou está começando um processo consciente de aprimoramento de um ofício que talvez tenha sido imposto pelas demandas do contexto a um músico prático, mas com pouca educação formal em regência: um músico que se viu regente, mas que aspira a se tornar plenamente o que já começou a ser.

Nisso, a responsabilidade dessa tarefa vem temperar a modéstia, pois se Manrique Yáñez não tem a pretensão de aprofundar as diversas dimensões da regência que apresenta, está plenamente consciente de que é preciso introduzir os assuntos com responsabilidade. Não é necessário trilhar todo o caminho com o aprendiz, mas é importante ter cuidado quando se ousa indicar o início e a direção de tal percurso.

E isso leva ao segundo desafio: a regência musical é uma tarefa múltipla, mesmo rizomática. Embora seja possível e necessário distinguir, para bem discutir, as muitas dimensões que convergem e interagem nesse ofício, deve-se evitar a armadilha da especialização prematura. Como em uma ratoeira, na regência, uma parte deixa de ter sentido sem a outra. Um alto refinamento de gestual passa a ser uma ferramenta cega sem consciência da função interpretativa do regente. Igualmente, uma grande capacidade analítica é desperdiçada sem uma boa gestão de ensaio. Outrossim, um conhecimento enciclopédico da história da música é derrotado por um gesto ineficiente.

A multiplicidade do ofício da regência parece inevitavelmente levar à superficialidade. Dado que há muitas dimensões para tanger, apenas tangê-las é tudo que é possível. Assim, o mérito de Manrique Yáñez está em fazer desse inevitável fato uma virtude. Se há uma superficialidade, ela não é negativa. Antes, ela nasce da consciência de que é preciso mencionar, apontar, alertar e conectar; reconhece-se que é preciso indicar que existe esta ou aquela profundidade e por que é importante explorá-la, mas sabendo deixar essa tarefa para um momento futuro. Nota-se o propósito de não imbecilizar o estudante com um manual meramente tecnicizante, interessando empoderá-lo abrindo múltiplas portas.

Nessa ótica, o autor traça arcos grandes, indo dos fundamentos à aplicação prática, conectando reflexões estéticas com estudos de caso. O autor também adverte para a necessidade da profundidade ao mesmo tempo que evita dogmatismos, convidando o leitor a construir multiplicidades cuidadosamente refletidas. Ainda, apresenta uma flexibilidade que é preciosa ao regente, inspirando por vezes lampejos de profundidade e erudição além do que seria típico, esperado ou necessário para a prática. Entretanto, imediatamente reconhece o risco da mera especulação e volta a colocar o pé no chão. Consegue descrever de forma concreta e com precisão cirúrgica um movimento do braço, e em seguida coloca esse gesto na perspectiva da discussão entre herança eurocêntrica e um fazer musical decolonializado.

Manrique Yáñez usa a seu favor o fato de não ser um maestro de carreira especializado e limitado às salas de concerto. Antes, é uma pessoa que está no meio, *in media res*, transitando entre o erudito e o popular, o gregoriano e a música contemporânea; entre carregar os tímpanos e discutir as relações entre estética e teologia. Seu desafio consiste em traduzir tal multiplicidade em palavras, desenhos e exemplos, a fim de que o leitor tenha uma consciência clara do mundo em que está entrando. Ao fazê-lo, toma o cuidado de registrar conhecimentos aprendidos nas coxias e em salas de ensaio, mas raramente encontrados em livros e salas de aula.

Esse processo de tradução está na impossibilidade fundamental – e necessária – do falar sobre música. Tendo sido meu aluno de regência, é de uma surrealidade prazerosa ver meus pensamentos, teorias e esforços de anos de ensino dedicados a precisar o inefável, codificar o intuitivo, sistematizar o observado, retraduzidos em palavras escritas por outro. E é um prazer ainda maior ver essa herança articulada com discursos e esferas que nunca adentrei.

Neste livro, Manrique Yáñez generosamente convida o(a) leitor(a) – o(a) regente aspirante – a trilhar um caminho em que o autor se sabe ainda em curso. No entanto, tem ciência também de que não se pode esperar saber para começar a saber, mas que, desde o início, é possível e desejado que se saiba começar bem.

Márcio Steuernagel
Maestro, compositor e pesquisador artístico, professor de Regência e Composição da Escola de Música e Belas Artes da Universidade Estadual do Paraná (Embap – Unespar), maestro titular da Orquestra Filarmônica da Universidade Federal do Paraná (UFPR), doutor em Pesquisa Artística na Universidade de Música e Artes Performáticas de Graz, Áustria.

APRESENTAÇÃO

De vez em quando, a vida nos apresenta situações inesperadas, em momentos nos quais gostaríamos de ter maior preparo para encarar os desafios irrecusáveis que se põem em nosso percurso, tanto no âmbito pessoal quanto no profissional. Enquanto escrevo estas linhas, uma lembrança me vem à mente: quando meu líder religioso me pediu para assumir a regência do grupo coral que eu acompanhava musicalmente como parte de um grupo instrumental.

Naquele tempo, quando ainda não tinha passado por nenhuma formação acadêmica em música, teria sido ótimo poder contar com algum material que me guiasse com precisão e clareza para assumir tal desafio tentando errar menos. De qualquer forma, eu aceitei o desafio. Entretanto, hoje em dia, ao revisitar os vídeos daquele tempo, percebo o quanto um estudo dessa natureza me fez falta. Embora eu não tenha ficado somente no empirismo, é frustrante ver que os métodos que usualmente encontramos na internet ou em alguns livros são contraditórios uns em relação aos outros. Além disso, quando assistimos a interpretações de figuras tradicionalmente renomadas da regência, os gestos fundamentais dessa prática raras vezes são vistos claramente.

Depois de alguns anos, já na academia, cursando regência, consegui me apropriar da técnica gestual partindo do ponto de vista acadêmico, acompanhado de disciplinas práticas e teóricas importantes para o perfil do regente, como Estética, História da Música,

Orquestração, Arranjo, Percepção Musical, Etnomusicologia, entre outras. Não posso reclamar, tive bons professores e espaços onde me desenvolver. Mas eram recorrentes as incertezas ao tentar aplicar esses gestos em contextos mais próximos aos da minha realidade popular, fora do âmbito controlado da música erudita europeia, onde a regência deita raízes.

Na convivência com colegas musicistas de formação específica diferente da regência, vejo que muitas problemáticas similares às que vivi tempos atrás se repetem. No Brasil, continuamos acessando materiais de estudo da regência divergentes e que apresentam uma forma pronta, sem fundamentos claros. Esses métodos de estudo, por vezes, só focam na tradição europeia consagrada e deixam de lado possibilidades de aplicação em outros contextos culturais. É por isso que se faz necessária a publicação de um material didático, de visão abrangente, em português, que possa guiar os primeiros passos de pessoas que queiram iniciar na gestualidade da interpretação musical da regência, seja em sua forma coral seja na forma orquestral.

Modestamente, inserido em tal horizonte, destino este livro a musicistas em geral, profissionais ou amadores, cantores ou instrumentistas, com o objetivo de providenciar uma visão atualizada sobre princípios básicos e necessários para o estudo da regência, de forma sistemática e a partir do contexto brasileiro e latino-americano.

Como se fossem camadas de uma cebola, os capítulos desta obra vão desenvolvendo elementos desde os mais nucleares até suas formas mais acabadas de prática de regência. Não devemos nos esquecer de que, mesmo abrindo caminho no meio de várias questões teóricas e conceituais, a intenção é que você, leitor(a), construa uma prática fundamentada da regência no contexto brasileiro. Logo, a finalidade em última instância não é explicar, mas incentivar a fazer.

É possível que alguns leitores sintam falta de um maior número de exemplos práticos no repertório brasileiro ou latino-americano. No entanto, os limites deste livro são "os primeiros passos". As bases da técnica se encontram indiscutivelmente no repertório tradicional europeu. No entanto, abriremos várias portas para a aplicação das técnicas de regência em repertórios diversificados. A ampliação desse assunto talvez seja apropriada para ser desenvolvida como se merece em uma oportunidade futura.

Este livro está organizado em seis capítulos. No Capítulo 1, comentaremos sobre os alicerces da prática de regência. Partiremos dos elementos históricos que modelaram a prática que acolhemos hoje para, depois, entender quem é a pessoa regente, o que se espera dela e quais podem ser suas atribuições. Em suas atividades, o regente precisa desenvolver tanto a comunicação verbal quanto a gestual, de forma eficiente e saudável. Para isso, explicaremos alguns aquecimentos e métodos de estudo que auxiliam nesse processo.

No Capítulo 2, enfatizaremos a comunicação gestual. Iniciando pela observação da natureza e do entorno, construiremos associações que permitam clarificar nossa abordagem a fim de desenvolver um repertório gestual. Para o estudante de regência, sabendo adaptar tal repertório ao próprio corpo de forma orgânica, terá de descobrir como aplicá-lo.

Com tal finalidade, analisaremos a interpretação musical no Capítulo 3. A interpretação musical implica, necessariamente, a compreensão do entorno cultural onde as obras de arte serão executadas. Assim, também as obras de arte marcam seus desafios a partir do entorno cultural em que foram geradas. Nessa ótica, o regente tem de tomar decisões interpretativas adequadas, atuando como mediador entre as diferentes facetas da prática sonora e seus interlocutores. Tudo isso o leva a estabelecer métodos e estratégias para a preparação de uma interpretação musical que responda às exigências contemporâneas.

Nos capítulos 4 e 5, exploraremos as particularidades da regência coral e da regência orquestral, respectivamente, as quais contemplarão desde a organização básica de um grupo coral ou instrumental até o estudo de elementos a serem levados em consideração nos ensaios para cada caso.

Por fim, no Capítulo 6, aplicaremos os conhecimentos e as habilidades gestuais abordados ao longo do livro em três obras musicais. A primeira obra será *Jesu, Rex Admirabilis*, do compositor Giovanni Pierluigi da Palestrina, pertencente ao repertório coral polifônico europeu do século XVI. A segunda obra será *Onde está a honestidade?*, do compositor Noel Rosa, parte do repertório da música brasileira do início do século XX, arranjado por mim. A terceira obra será a *Sinfonia n. 2, em Ré Maior, Op. 36*, do compositor Ludwig van Beethoven, que compõe o repertório instrumental europeu clássico tardio do século XIX, a caminho para o romantismo. No caso desta última obra, trabalharemos apenas com os compassos iniciais do primeiro movimento, por estes serem suficientes para os fins pedagógicos considerados escopo deste livro.

Desejamos que você aproveite o estudo proposto nesta obra e que ele seja frutífero para sua prática de regência. Bons estudos!

INTRODUÇÃO

Cada época é privilegiada, em relação aos períodos anteriores, graças a suas diversas particularidades, que expandem a experiência humana a partir de uma visão renovada de mundo, a qual, ao mesmo tempo, é devedora de um passado que a nutre. Alguns autores chamam isso de *espírito do tempo*[1]. Tal relação entre tradição e vanguarda está presente em todas as atividades do ser humano, e a regência não é exceção. Essa herança revela o futuro em um processo de constante reciclagem de práticas e conhecimentos. Entretanto, nesse processo, também são identificados resíduos que não nos servem mais e que, por isso, precisam ser descartados. Sobre esses elementos residuais da regência, é salutar renunciar a dois aspectos: a idealização do regente como detentor de virtudes inexplicáveis e o eurocentrismo que ainda permeia sua prática.

A respeito do primeiro aspecto, na sociedade atual, ainda subsiste um verdadeiro "mito do maestro", como Norman Lebrecht relata com duras afirmações em seu livro que leva tal nome. "Ninguém jamais explicou como um homem, com um floreio físico, é capaz de extrair uma reação estimulante de uma orquestra, enquanto outro, com precisamente os mesmos gestos e ritmos, produz um som insípido,

---

1 O termo em alemão para este conceito é *Zeitgeist*. Essa ideia de pensamento coletivo temporal, que permeia e anima a força social, começou a ser ensaiada no final do século XVII e no início do século XVIII. Seu maior representante é o filósofo Johann Gottfried von Herder (Oergel, 2019).

comum"(Lebrecht, 2002, p. 17). Na esteira desse pensamento, surge no imaginário coletivo a ideia de uma pessoa com poderes sobrenaturais, a figura do regente como um mortal ungido por forças supremas. Todavia, devemos nos perguntar com espírito científico: Será que tais "floreios físicos" dos homens comparados por Lebrecht foram exatamente os mesmos? Não nos interessa aqui analisar as intenções desse autor ao defender essa ideia – o que faz com habilidade em seu gênero literário. O importante é reconhecer que essa ideia nos circunda e pode nos afetar negativamente em nosso desenvolvimento em regência. Diante disso, a fim de proteger nosso estudo quanto a esse problema, será imperativo recorrer à fundamentação sistemática dos conceitos e das práticas da regência, considerando a riqueza em sua interdisciplinaridade.

Dando um passo adiante, é fato que os movimentos de regência podem ser aprendidos de forma mecânica e cumprir sua função pragmática – por exemplo, acertar uma entrada em conjunto de modo preciso ou gerar um efeito de crescendo exitosamente. Aí estaríamos cumprindo um objetivo artesanal, com seu justo valor. Contudo, a ideia da regência não é estagnar no ofício do artesanato, mas dominá-lo e utilizá-lo para fazer arte, pois toda atividade artística passa por um processo de interpretação.

Retomando a temática do eurocentrismo, é inegável que o desenvolvimento da regência ocorreu no seio da cultura europeia. Nesse sentido, é inconcebível ignorar ou negligenciar um estudo sério de tal repertório musical. No entanto, não podemos ficar presos a paradigmas já vencidos no campo da etnomusicologia. Assim, precisamos saber transplantar a valiosa contribuição da música europeia e sua técnica de regência para outros cenários, criando relações sinérgicas e enriquecendo o processo legitimamente artístico.

Assim, façamos com que as particularidades de nossa época sejam férteis em nossas mãos. Que os cantores e instrumentistas de nosso tempo se sintam inspirados a participar de verdadeiros processos artísticos, e que o público vibre emocionado com isso. Com gratidão, colhamos os frutos de uma tradição viva que nos antecede e saibamos dar-lhe continuidade partindo de nosso lugar no mundo.

COMO APROVEITAR AO MÁXIMO ESTE LIVRO

Empregamos nesta obra recursos que visam enriquecer seu aprendizado, facilitar a compreensão dos conteúdos e tornar a leitura mais dinâmica. Conheça a seguir cada uma dessas ferramentas e saiba como elas estão distribuídas no decorrer deste livro para bem aproveitá-las.

Introdução ao capítulo

Logo na abertura do capítulo, informamos os temas de estudo e os objetivos de aprendizagem que serão nele abrangidos, fazendo considerações preliminares sobre as temáticas em foco.

Curiosidade

Nestes boxes, apresentamos informações complementares e interessantes relacionadas aos assuntos expostos no capítulo.

Ampliando o repertório

Nestes boxes, sugerimos a escuta e apreciação de algumas obras e experiências musicais disponibilizadas em áudio ou vídeo.

Atividades de autoavaliação

Apresentamos estas questões objetivas para que você verifique o grau de assimilação dos conceitos examinados, motivando-se a progredir em seus estudos.

Para saber mais

Sugerimos a leitura de diferentes conteúdos digitais e impressos para que você aprofunde sua aprendizagem e siga buscando conhecimento.

Síntese

Ao final de cada capítulo, relacionamos as principais informações nele abordadas a fim de que você avalie as conclusões a que chegou, confirmando-as ou redefinindo-as.

Atividades de autoavaliação

Apresentamos estas questões objetivas para que você verifique o grau de assimilação dos conceitos examinados, motivando-se a progredir em seus estudos.

Atividades de aprendizagem

Aqui apresentamos questões que aproximam conhecimentos teóricos e práticos a fim de que você analise criticamente determinado assunto.

Bibliografia comentada

Nesta seção, comentamos algumas obras de referência para o estudo dos temas examinados ao longo do livro.

Capítulo 1
PRINCÍPIOS

Este capítulo se intitula "Princípios" por duas razões: (1) porque se refere a elementos que antecedem outros; e (2) porque sua acepção se refere às informações, conceitualizações e práticas que servirão de base para todos os tópicos que abordaremos adiante neste livro. Assim, trataremos da figura do regente não só considerando sua historicidade, mas também sua atuação contemporânea, a fim de que você, leitor(a), se aproxime do mundo da regência. Com base nisso, desdobraremos as necessidades de comunicação, saúde ocupacional e metodologia que analisaremos na sequência.

1.1 História e desenvolvimento da regência

Quando nos é apresentada uma pessoa nova em nosso círculo de amizades, ela se destaca por suas peculiaridades alheias ao grupo. Tais peculiaridades são fruto de uma existência que passa por experiências e decisões particulares, as quais modelam o que somos e o modo como nos comportamos. As diferenças podem ser sutis, a exemplo de um sotaque estrangeiro bem encoberto que nos revela que a pessoa não é brasileira, ou mais pronunciadas, como no caso de a pessoa utilizar a Língua Brasileira de Sinais (Libras)[1] para se comunicar em vez de usar a fala. Conforme a conversa vai se desenrolando de alguma forma, começamos a entender por que essa pessoa é como ela é, o que pode despertar em nós interesse para conhecer sua história de vida. Isso nos coloca em uma melhor

...
1   Forma de comunicação gestual-visual utilizada principalmente nas comunidades de pessoas surdas brasileiras.

posição para posteriormente desenvolver com ela uma verdadeira amizade.

Analogamente, a regência tem uma história de vida que a faz ser o que é. Quanto mais consciência temos sobre a historicidade da regência, maiores são as chances de que, de fato, ela se torne uma companheira de aventuras musicais. Dito isso, muito longe de ser uma mera formalidade de método, para conseguir uma frutífera aplicação artística da regência, em seus diversos contextos, é fundamental compreender ao menos os principais momentos do seu processo histórico.

Não é possível demarcar um início claro da história da regência, mas podemos considerar que embrionariamente ela está presente desde a pré-história, na forma do indivíduo que lidera a prática musical coletiva. Isso está na matriz de praticamente todas as culturas ancestrais, ao lado da dança e da religiosidade. Como Zander (2003, p. 31) comenta sobre as culturas da Antiguidade:

> a prática da música em conjunto apresenta caraterísticas especiais em relação aos executantes e ouvintes: é o agrupamento em torno de um centro. O centro torna-se o germe de toda a potência rítmica. É o lugar onde se encontra o chefe, o antifoneiro – o guia do canto – e o primeiro bailarino, o guia de dança.

Desse legado, a Antiguidade absorveu a prática do líder musical. Embora existam vestígios disso em diversas culturas desse período, é na cultura grega que encontramos o início de uma sistematização musical propícia para o desenvolvimento ocidental da regência[2]. A música grega daquela época era a **monofonia** basicamente formada por ritmo e melodia, buscando uma unidade com a poesia e

...
2 Há vários tratados que testemunham tal desenvolvimento. Alguns exemplos são *De Musica*, de Agostinho de Hipona, e *Perì Musikês*, de Aristides Quintiliano.

o movimento corporal, em que o líder musical não só cuidava da música, mas também da dança, como comenta Schuenemann (1913, p. 11, tradução nossa):

> Esta liderança global do líder do coro baseia-se na combinação de música, poesia e orquestra. Não era uma direção puramente musical, mas uma orientação rítmica de dança e música. As características básicas dessa liderança tornaram-se de grande importância para a história da regência. No período da música mensural, elas formaram o ponto de partida para a teoria do tempo de batida e permaneceram válidas na forma antiga até o século XVII.

Tal atuação tinha particular importância no teatro grego, onde o líder de coro ganhava o título de *chorodidaskalós*, reunindo as funções de: "fazedor de fábulas, músico, diretor de *orchestra*, diretor da peça e eventualmente ator" (Vélez, 2015, p. 182, tradução nossa). Essa pessoa podia indicar a rítmica e outros elementos musicais por meio de batidas de pé ou de indicações com a mão. Para ilustrar o repertório que era executado pelo líder de coro, podemos citar a música *Epitáfio de Seikilos*, considerada a obra musical completa mais antiga da qual se tem evidências. Na Figura 1.1, constam a notação musical antiga acompanhada da letra em grego e sua transcrição em notação moderna.

Figura 1.1 - *Epitáfio de Seikilos*

Fonte: Schuenemann, 1913, p. 9.

 Ampliando o repertório

SAVAE - San Antonio Vocal Arts Ensemble. **Ancient Echoes**: Music from the time of Jesus and Jerusalem's Second Temple. 2002. Disponível em: <https://open.spotify.com/album/5j84XI0kBHyRkcwnolxqDX>. Acesso em: 19 out. 2022.

Para conhecer uma interpretação de referência da música *Epitáfio de Seikilos*, ouça a gravação do grupo San Antonio Vocal Arts Ensamble (Savae), no álbum *Ancient Echoes: Music from the time of Jesus and Jerusalem's Second Temple*, lançado em 2002, faixa 5.

Assim como os gregos se tornaram uma referência musical na Antiguidade, na Idade Média, foi o cristianismo que definiu o modo de fazer música no Ocidente. A grande diferença entre essas duas épocas reside na rejeição dos instrumentos entre os cristãos do medievo, por considerá-los incompatíveis com a doutrina dos primeiros séculos, principalmente pelas relações com os cultos pagãos e com suas festas consideradas imorais (Basurko, 2005). Embora a música instrumental e percussiva tenha permanecido como parte da cultura popular, o canto cristão se instaurou como modelo desejado de música a ser cultivada, principalmente em seu âmbito litúrgico. Entre as diversas linhas interpretativas desse contexto, destaca-se o **canto gregoriano**.

Os líderes de coro encontraram, assim, seu espaço privilegiado de atuação no repertório de música sacra ou dedicada ao culto. Tais condições levaram ao aprimoramento de uma técnica de regência chamada *quironomia*, herança da Antiguidade, que consistia no modelamento das inflexões da melodia cantada por meio de movimentos da mão. Consta um estudo sobre essa técnica no manual *The Technique of Gregorian Chironomy*, de Joseph Robert Carroll (1955) Na Figura 1.2, mostramos um trecho litúrgico em notação musical quadrada[3], acompanhado de sua transcrição em notação moderna, e o desenho do movimento sugerido para a mão do líder de coro.

...
3 A notação quadrada surgiu na segunda metade do século XII em substituição à notação pneumática (Bosseur, 2014).

Figura 1.2 – Exemplo de movimentos de regência quironômica gregoriana

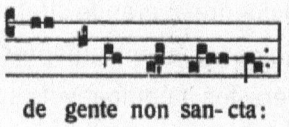

de gente non san- cta:

de gén - te non sán - cta:

Fonte: Carroll, 1955, p. 28.

Nesse período, a principal função do líder musical era preparar os grupos vocais. Isso propiciou o aprimoramento das comunicações verbal e gestual aplicadas na música durante os ensaios, bem como o desenvolvimento de técnicas de pedagogia musical e de canto – evidentemente, sem a sistematização vigente hoje. Por óbvio, desejava-se que o líder fosse um cantor com experiência. Assim, tal contexto priorizou as inflexões verbais da palavra como elemento articulador das linhas melódicas e da música como um todo. Aos poucos, os compositores passaram a aproveitar a diversidade de vozes, o que levou ao surgimento do contraponto e da textura polifônica, gerando novas demandas para a gestualidade dos líderes musicais.

Na Renascença e no Barroco, o movimento cultural voltou-se às expressões artísticas greco-romanas prévias ao surgimento do cristianismo, conciliando várias de suas expressões musicais. Nesse panorama, houve uma forte retomada da utilização dos instrumentos na música tida como culta e a presença de elementos solísticos acompanhados pelo grupo, dando origem a camadas de material musical bem-definidas. Sob essa ótica, o contexto permitiu que os instrumentistas conquistassem espaço na liderança musical, principalmente violinistas ou instrumentistas de teclado, ou os dois em colaboração[4]. Além de ser educador dos grupos, o líder musical também recebeu um caráter interpretativo durante as execuções. Como os instrumentistas tocavam concomitantemente dirigiam as execuções musicais, eles utilizavam gestos com a cabeça e com o corpo para marcar as entradas e as intenções interpretativas. A utilização das mãos para a direção poderia se dar em momentos fugazes durante a música ou em partes maiores nas quais o instrumentista líder não tocava, conforme interpretações contemporâneas baseadas em pesquisas históricas.

Ampliando o repertório

VIVALDI: Concerto Ripieno en Sol menor – Orquestra Barroca Vigo 430 – Alfonso Sebastián. (6 min 16 s). Disponível em: <https://www.youtube.com/watch?v=QeF9ck6jTWI>. Acesso em: 19 out. 2022.

Alguns grupos de música antiga dedicam-se a pesquisar, recriar e se aproximar o máximo possível de interpretações historicamente informadas, para experimentar o que seria a prática musical de épocas em que não existiam equipamentos de gravação.

---

4   Na época, o primeiro violino era considerado um vice-mestre de *cappella*. Foi desse panorama que surgiu a figura de destaque para o primeiro violino (*spalla*) nas orquestras atuais.

> Para apreciar como os grupos musicais se comportavam no período barroco tardio sob a direção dos próprios músicos, você pode acompanhar o registro da interpretação da obra *Concerto Ripieno em Sol menor*, de Antonio Vivaldi, realizada pelo grupo Orquestra barroca Vigo 430 em 2016.

Essa forma de direção musical compartilhada com a execução instrumental pelo mesmo indivíduo caiu em decadência no século XVIII. O sinfonismo clássico desenvolvido por Joseph Haydn (1732-1809) e Wolfgang Amadeus Mozart (1756-1791), por um lado, e as novidades instrumentais surgidas com a Escola de Mannhein[5], por outro, demandaram a formação da figura do regente como tal (Lago, 2008), ou seja, uma pessoa exclusivamente dedicada a cuidar da interpretação musical durante a execução das obras. Esse período foi de grande importância para o desenvolvimento da regência nos moldes ora vigentes. Por exemplo, foi nesse momento histórico que se passou a utilizar a batuta e os movimentos laterais para a marcação de tempos de compasso (Zander, 2003).

 Ampliando o repertório

MOZART'S Symphony N. 41, aka his 'Jupiter' Symphony – performed live by the London Mozart Players. (34 min 15 s). Disponível em: <https://www.youtube.com/watch?v=jsDpT2Ch8UU>. Acesso em: 19 out. 2022.

---

5 A Escola de Mannheim marcou fortemente o fazer musical do século XVIII, contribuindo com as bases do que posteriormente seria o classicismo sinfônico vienense.

> Para apreciar um exemplo interpretativo de como as orquestras lidavam com os desafios orquestrais do século XVIII sem a figura do regente, assista à interpretação feita pelo grupo London Mozart Players para a *Sinfonia n. 41*, de Wolfgang Amadeus Mozart.

Nessa revolução orquestral, surgiu um nome que marcou a passagem do Classicismo para o Romantismo no percurso histórico da música ocidental: Ludwig van Beethoven (1770-1827). Aproveitando-se da efervescência instrumental da época, ele introduziu novos paradigmas composicionais:

> O novo universo orquestral criado por Beethoven caracteriza-se pela ampliação dimensional da sinfonia, pela variedade das figuras rítmicas, pelos inusitados efeitos dinâmicos, pela superior expressão das ideias poéticas e dramáticas, pelas tensões extremas a que é levada a sonoridade da orquestra, que explora ao limite as possibilidades instrumentais. (Lago, 2008, p. 39-40)

Na obra do compositor alemão, há passagens riquíssimas para o estudo da regência, principalmente orquestral. Os gestos e as abordagens que se desdobram da execução de tais composições foram (a ainda o são) utilizados em todo o repertório posterior, inclusive como elemento interpretante. Expresso de outro modo, se em determinado trecho musical de Beethoven a regência foi resolvida de tal modo, logo, a regência de obras e compositores posteriores permitiu-se recorrer às mesmas abordagens gestuais, desenvolvendo-se com facilidade com base nelas.

Sob essa perspectiva, identificamos que a profissão do regente foi formalmente criada nesse contexto. Todavia, a necessidade técnica de confiar a interpretação musical ao crivo de apenas uma pessoa rompeu, de certa forma, com a ideia de interpretação musical em coletividade. O individualismo elaborado no contexto social e cultural do período romântico, e posteriormente afirmado pela modernidade, configurou a regência como um espaço de poder. Assim, no século XIX, delineou-se o papel do diretor intérprete. A função interpretativa do regente o inseriu no centro da prática musical dos grupos artísticos, confiando-lhe a responsabilidade e o pleno poder de decisão sobre o resultado sonoro.

Após essa breve e rápida compilação de fatos sobre o percurso da regência, retomaremos a reflexão inicial sobre comparar a prática de regência a uma nova pessoa em certo grupo. Agora, sabemos que a regência nasceu em um contexto cultural diferente do nosso e que passou por transformações que marcaram sua forma de ser, bem como que conta com uma linguagem gestual própria pautada nas experiências vividas. Não precisamos avaliar os fatos históricos como positivos ou negativos, mas apenas identificá-los para compreendermos melhor essa atividade e usufruir dela da melhor maneira possível.

1.2 A pessoa regente

Fazer amizade com uma nova pessoa também implica deixar-se afetar por ela. Nesse sentido, a pessoa que estuda regência é também modificada pela prática da regência, acentuando características da própria personalidade ou desenvolvendo outras habilidades de maneira inesperada. Com base na observação de outros regentes e de suas práticas assertivas, podemos intuir as caraterísticas que os regentes em processo de desenvolvimento devem deixar aflorar.

Definitivamente, a máxima função de um regente é a interpretação musical de uma obra executada coletivamente. Isso deve ser atingido principalmente por meio de uma técnica gestual consolidada, que permita comunicar aos musicistas determinadas escolhas interpretativas, tanto nos ensaios quanto durante as execuções para o público. Zander (2003, p. 30) amplia essa conceituação:

> O regente deve, com sua técnica e conhecimento da literatura, saber entusiasmar e despertar cada vez mais o interesse do seu grupo, para que os ensaios em suas muitas vezes intermináveis repetições, não se tornem monótonos, mas sejam fonte de renovação – apesar da repetição – e com isso levem a um gradativo aperfeiçoamento e maturidade.

A ideia de liderança em uma coletividade é tida como uma virtude que se faz efetiva em uma pedagogia musical adequada para os momentos de ensaio. Afastando-se da figura de um ditador, a pessoa regente precisa inspirar seu grupo. Não se trata de exigir obediência ou respeito ao cargo; os cantores e instrumentistas precisam se sentir impelidos a seguir as opções interpretativas do regente de forma convicta. Por isso, ele deve ser capaz de analisar as obras musicais, fazer escolhas interpretativas, executá-las e avaliar a qualidade sonora resultante. É assim que se nutre a confiança do grupo pelo regente, contanto que demonstre firme domínio da linguagem musical.

Nesse sentido, Emanuel Martinez (2000, p. 38) menciona quatro atributos essenciais esperados para o perfil do *maestro*, termo respeitoso dirigido à figura do regente:

a. percepção musical acurada;
b. discernimento auditivo de intervalos melódicos e harmônicos;
c. sentido rítmico firme e constante;
d. ser um comunicador e até certo ponto um pedagogo.

A depender da bagagem musical e humana de cada um, tais atributos tendem a ser desenvolvidos com maior ou menor facilidade, uma vez que são implícitos ao estudo da regência.

Ao longo dos ensaios, o regente, por vezes, precisa demonstrar frases e intenções musicais rapidamente. O modo mais direto de fazer isso é cantar tais elementos e solfejar, se necessário. Portanto, um bom desempenho vocal é de grande ajuda para tais momentos. O domínio de um instrumento musical harmônico é desejado principalmente em contextos corais. Os instrumentos de teclado apresentam vantagens específicas para o trabalho vocal, em especial para correpetir trechos polifônicos quando necessário. Isso não impede, porém, que outros instrumentos auxiliem nas atividades corais, como um violão.

Está claro que o regente precisa atingir um alto nível de desempenho musical. Contudo, as funções de um regente à frente de um grupo não se restringem ao âmbito da música. Como Sylvio Lago assinala, a pessoa regente, para além das capacidades musicais, atua como "o administrador, o *entrepreneur*, o pensador, o educador, o disciplinador[6] e o guardião das tradições[7] da música orquestral sob todas as suas formas e gêneros" (Lago, 2008, p. 96).

No Quadro 1.1, a seguir, mostramos os elementos extramusicais que Lago menciona, relacionando-os a outras áreas de conhecimento e a possíveis tarefas que emanam de tal interdisciplinaridade.

• • •
6   Tomamos esse termo em seu sentido positivo, que se refere à pessoa que cuida das regras da boa convivência estabelecidas pelo próprio grupo em caráter fraternal e pautada no exemplo.
7   Evitemos compreender tal expressão partindo de uma perspectiva militar ou bélica. Aproveitamos melhor sua menção no sentido da intencionalidade e do zelo científico em relação ao estudo das tradições.

Quadro 1.1 – Possíveis funções extramusicais da pessoa regente na atualidade

N.	Aspectos	Áreas de contato interdisciplinar	Possíveis tarefas
1	Administrador	• Economia e finanças • Gestão empresarial • Contabilidade • Recursos humanos	• Participar da elaboração do fluxo de caixa dos grupos artísticos. • Participar dos processos de compra/venda de equipamentos e mobiliário. • Avaliar a infraestrutura para ensaios e apresentações. • Prospectar e entrevistar pessoas para contratação. • Realizar pagamentos. • Emitir notas fiscais.
2	Empreendedor	• Produção cultural • Direito • *Design* gráfico • Marketing	• Escrever projetos para a captação de recursos por meio de leis de incentivo. • Dimensionar requerimentos técnicos e humanos para a realização de eventos culturais. • Elaborar ou contribuir com o conceito gráfico de material publicitário e audiovisual.
2	Empreendedor	• Produção cultural • Direito • *Design* gráfico • Marketing	• Registrar legalmente atividades econômicas e empresariais. • Elaborar portfólios artísticos. • Contribuir com o desenvolvimento de estratégias de posicionamento nos mercados artístico e cultural. • Administrar e alimentar redes sociais.

(continua)

(Quadro 1.1 - continuação)

N.	Aspectos	Áreas de contato interdisciplinar	Possíveis tarefas
3	Pensador	• Filosofia • Teologia • Sociologia • Antropologia	• Escrever artigos científicos, livros e outras formas de produção de conhecimento. • Participar de eventos como palestrante/conferencista. • Escrever para jornais, *blogs* e meios de comunicação dinâmicos.
4	Educador	• Pedagogia • Licenciatura em Música • *Coaching*	• Produzir material pedagógico-musical. • Ministrar disciplinas de graduação, pós-graduação, extensão e cursos livres. • Orientar o desenvolvimento profissional e humano das pessoas que fazem parte dos grupos artísticos.
5	Disciplinador	• Recursos humanos • Terapia ocupacional • Fisioterapia • Fonoaudiologia • Psicologia	• Estabelecer horários, processos e funções. • Preservar a saúde físicomental dos participantes dos grupos artísticos. • Resolver conflitos interpessoais. • Promover a proatividade e o trabalho conjunto. • Incentivar boas práticas de convivência, responsabilidade e pontualidade mediante o próprio exemplo.

(Quadro 1.1 - conclusão)

N.	Aspectos	Áreas de contato interdisciplinar	Possíveis tarefas
6	Guardião das tradições	• História • Semiologia • Paleografia • Musicologia • Etnomusicologia	• Estudar manifestações culturais de épocas distantes. • Interpretar códigos e grafias antigas. • Investigar diversas tradições e suas interações. • Publicar estudos e tratados.

A evolução da regência e dos contextos culturais forjaram o seguinte quadro: a regência como um lugar que precisa ser ocupado por uma pessoa detentora de conhecimentos diversificados, a fim de dar conta dos diferentes aspectos integrados à atual prática sonora. Alguns regentes se destacam, entre seus colegas, por um ou outro aspecto específico, mas seu reconhecimento é sempre vinculado ao resultado sonoro extraído do grupo musical.

1.3 Comunicação verbal e gestual

Um dos principais aspectos relativos ao desenvolvimento da prática da regência diz respeito à capacidade de comunicação, especialmente por meio da gestualidade. É interessante perceber certa semelhança nesse aspecto com as pessoas surdas que utilizam a Libras para se comunicar. A pessoa regente precisa estudar e desenvolver a linguagem gestual apropriada para dirigir a interpretação musical sem emitir som algum. No entanto, tem de fortalecer a comunicação verbal, quando utilizada nos ensaios para dar instruções interpretativas aos instrumentistas.

No que se refere à linguagem gestual, o estudo começa pela postura, que dá suporte a toda a movimentação da pessoa regente. A forma mais comum de exercer a regência é em pé e de forma ereta, mas sem rigidez, buscando uma simetria segundo o eixo vertical. Esse posicionamento corporal está representado na Figura 1.3. Em alguns casos, o regente também pode executar a regência estando sentado ou semiapoiado, por exemplo, para ensaios onde se faz uma primeira leitura da obra, ocasião em que se costuma fazer anotações e parar o ensaio com relativa frequência a fim de fornecer indicações aos instrumentistas, com uma intenção de estudo e reconhecimento da obra.

Figura 1.3 – Postura do corpo

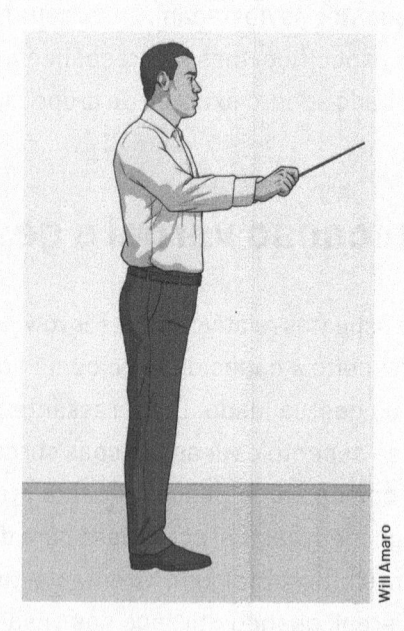

Além da postura ereta do regente apresentada na Figura 1.3, é preciso atentar para o espaçamento entre os pés. A forma de posicioná-los permite ter maior área de suporte na base do corpo, a fim de ter maior estabilidade e de distribuir o peso equitativamente. Com esse posicionamento, também se deve procurar promover o alinhamento do centro de gravidade em conjunto com a cabeça, a coluna e a pélvis. Na Figura 1.4, observe o posicionamento dos pés a partir de uma visão frontal.

Figura 1.4 – Posicionamento dos membros inferiores

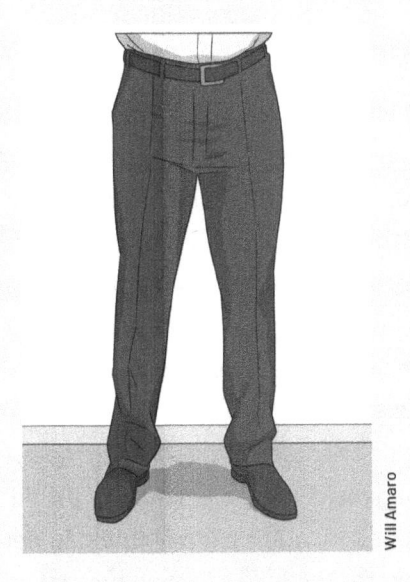

Will Amaro

Por último, também os braços devem ter uma elevação apontando para frente. É desejado que os cotovelos sejam projetados para frente e conservem lateralmente uma distância moderada em relação ao corpo. As palmas das mãos devem se manter em direção ao chão, a não ser que alguma execução específica demande o contrário. Acompanhe essas recomendações na Figura 1.5.

Figura 1.5 – Posicionamento dos membros superiores

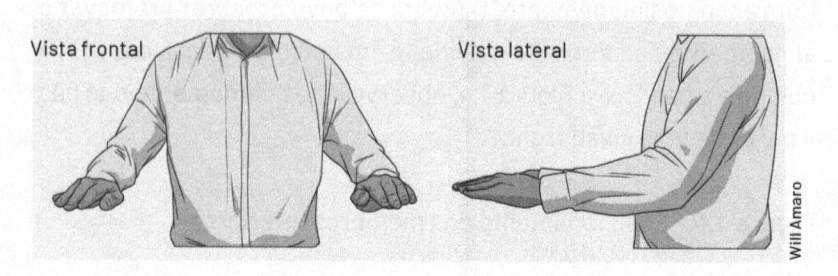

Vista frontal   Vista lateral

Will Amaro

Repare que a elevação dos braços tende a gerar uma deslocação do centro de gravidade do corpo. Em vez de compensar essa força com tensionamento muscular, Jorge Geraldo (2019, p. 93) recomenda: "Para corrigir o deslocamento do centro de gravidade e reduzir o trabalho muscular deve haver um realinhamento do corpo. O tórax sofre um leve deslocamento posterior para que a projeção vertical do centro de gravidade seja posta de volta mais próxima do centro da base de apoio".

Esse conjunto de orientações corporais é o que se chama *postura fundamental da regência*. Esse é o ponto de partida dos movimentos do regente, por se tratar de uma condição neutra. Conforme a música e sua expressividade são inauguradas, o corpo procura uma relação de organicidade motriz como um todo, mas sempre se reportando à postura fundamental.

Acerca da linguagem verbal necessária durante os ensaios, ela deve ser precisa, clara, oportuna e cordial:

- *precisa*, no sentido de utilizar a terminologia de acordo com o vocabulário técnico de cada grupo – razão pela qual estudos suficientes de técnica vocal, instrumentação e orquestração são de grande valia;
- *clara*, ao procurar ativamente a compreensão por parte do grupo musical, seja reelaborando alguma frase, cuidando da dicção ou questionando se há dúvidas sobre as orientações interpretativas fornecidas;
- *oportuna*, com o objetivo de ter momentos adequados dentro da execução musical para intervir sem prejudicar a fluidez musical do ensaio. Para isso, é aconselhável ir coletando observações, recorrer à memória ou fazer anotações rápidas na partitura durante determinado trecho de execução, para, ao fim de uma seção, propor uma pausa e dar os direcionamentos verbais necessários;
- *cordial*, pois o regente deve ser o primeiro a promover um ambiente de respeito, "amistosidade" e fraternidade na prática musical.

Por vezes, a linguagem verbal é imprescindível para a compreensão do direcionamento das ideias musicais. Por exemplo, se o regente pede aos instrumentistas que repitam certo trecho, tem de explicar o motivo ou a necessidade. Assim, os músicos podem compreender o que não está sendo executado conforme o esperado e tentar corrigir isso. Portanto, solicitações aleatórias e sem uma justificativa clara por parte do regente podem gerar desconfiança e desconforto entre os musicistas e cantores.

Dependendo do repertório e do grupo musical, talvez seja necessário gastar alguns minutos para levar os músicos a compreender o "espírito" da obra e do compositor, por meio de algumas informações importantes que contribuam para enriquecer a consciência interpretativa coletiva, o que serve para o propósito derradeiro, que é o resultado sonoro. Ainda, considerando o perfil e os objetivos do grupo, elementos motivacionais ou espirituais também podem ser trabalhados nos ensaios, interagindo com a vivência musical, mas sem substituí-la. É importante lembrar que as falas do regente não podem tomar dimensões de palestra, ocupando com demasiada oratória o tempo que deve ser dedicado com justiça à linguagem musical.

1.4 Aquecimento corporal e saúde

Por estar principalmente baseada na comunicação gestual e na movimentação corporal, a regência demanda certos cuidados para garantir uma prática saudável. É fato que essa temática tem sido muito mais estudada em cantores e instrumentistas, mas certas pesquisas já estão começando a ser realizadas acerca da regência, embora tal bibliografia ainda seja escassa. Considerando as pesquisas existentes, Geraldo (2019, p. 117) afirma:

> As evidências apontam que o regente está sob riscos associados aos movimentos repetitivos, postura, uso excessivo da voz e aspectos ambientais que podem ser minimizados através da conscientização dos profissionais e oferecimento de informações sobre prevenção. Muitos dos problemas podem ser evitados de forma relativamente simples o que reduz custos econômicos com

o afastamento das atividades de trabalho e ações de reabilitação nos casos em que houve lesão grave ou acometimento por doença.

É necessário que todo regente, desde seu primeiro contato com a prática, fique atento a tais ameaças para sua saúde. Uma das principais formas de prevenir alguns desses desajustes é se habituar a fazer um aquecimento corporal antes de cada ensaio e apresentação. Na Figura 1.6, mostramos alguns dos movimentos de aquecimento corporal recomendados especificamente para o exercício da regência.

Figura 1.6 – Alguns alongamentos que integram o aquecimento do regente

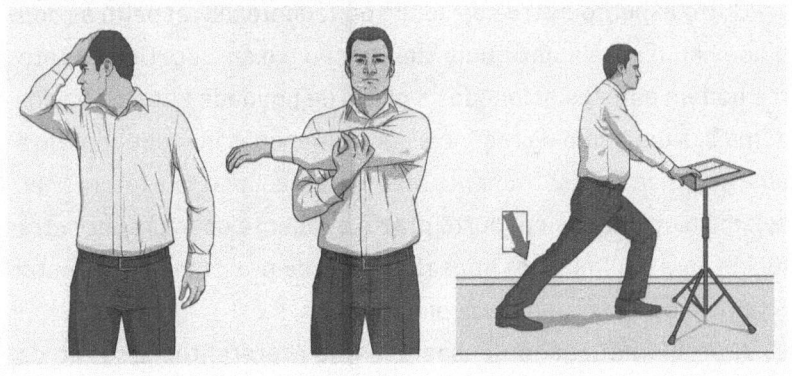

Will Amaro

Para saber mais

GERALDO, J. **Evidências do impacto ocupacional da atividade da regência e sugestões de prevenção**. 146 f. Tese (Doutorado em Música) – Universidade Estadual de Campinas, Campinas, 2019. Disponível em: <http://repositorio.unicamp.br/Busca/Download?codigoArquivo=483073>. Acesso em: 20 out. 2022.

> O regente e professor Jorge Geraldo é um dos autores pioneiros sobre saúde aplicada à regência no Brasil. Em sua tese de doutorado intitulada *Evidências do impacto ocupacional da atividade da regência e sugestões de prevenção*, há um apêndice com uma série completa de exercícios sugeridos para o aquecimento antes da prática da regência.

A respeito da voz utilizada pelo regente, tanto para exemplificar frases cantando quanto para direcionar ideias por meio da fala, também é importante prever um aquecimento próprio. Para isso, a fisiologia vocal (que abordaremos no Capítulo 4) aplicada a grupos corais fornece algumas noções básicas para o cuidado da voz.

Outro aspecto acerca da saúde do regente diz respeito às condições ambientais nas quais sua função é exercida. Certos fatores podem estar relacionados a níveis de umidade altos ou baixos demais, a um pódio de regência com dimensões inadequadas ou a uma acústica excessivamente reverberante. Caso tais fatores não sejam solucionados em curto prazo, o regente deve propor estratégias para minimizar os impactos, a fim de prezar pelo bem-estar próprio e de seu grupo musical.

A problematização dessas questões referentes à saúde do regente vem ganhando espaço no circuito acadêmico, com boa repercussão na prática. A diversidade de aspectos e a extensão dos assuntos correlacionados ultrapassam os limites para os quais este livro foi concebido. Contudo, esperamos ter esclarecido a relevância de assegurar a devida atenção à saúde do regente, a fim de evitar consequências lamentáveis, desde dores corporais crônicas até a perda da audição.

1.5 Métodos de estudo

Embora reconheçamos a necessidade de se ter bases teóricas robustas acerca dos princípios da regência e de outros tópicos teóricos que serão tratados nos próximos capítulos, o objetivo deste livro é eminentemente prático. Portanto, abordaremos a seguir quatro métodos de estudo da regência que serão uteis ao longo do desenvolvimento de qualquer regente, seja este iniciante ou experiente.

1.5.1 Em frente ao espelho

No âmbito da interdisciplinaridade, uma das aproximações que a regência tem com a dança diz respeito ao método de estudo em frente a um espelho. Já desde o século XVIII, o espelho foi incluído como ferramenta de treino, diante das necessidades de inovação gestual que a música desse período suscitou na Europa (Lago, 2008). A função do espelho é permitir verificar a qualidade, a simetria e o efeito visual do gesto do ponto de vista dos cantores e instrumentistas. O campo visual do espelho deve abranger aproximadamente desde abaixo do quadril até a ponta dos dedos da mão com um braço esticado para cima na vertical, bem como até a ponta dos dedos das mãos com o outro braço esticado lateralmente na horizontal, como mostrado na Figura 1.7.

Apenas como parâmetro de referência, sem ser uma regra fixa, um espelho quadrado com dimensões de 1 m × 1 m atende confortavelmente a tal necessidade para uma corporatura média geral, afastando-se ou aproximando-se do reflexo.

Figura 1.7 – Enquadramento do regente dentro do espelho de estudo

Will Amaro

1.5.2 Independência de braços

A independência de braços é uma necessidade constante na regência e, por essa razão, precisa ser treinada. Em virtude disso, recomenda-se a prática de movimentos isolados para desenvolver tal habilidade. Após adquirir certa destreza, essa técnica pode ser aplicada propriamente em contextos musicais.

Uma forma de treinar a independência de braços é, por exemplo, percorrer a silhueta de figuras ou símbolos imaginários com os dois braços, mas em eixos diferentes, um na vertical e outro na horizontal, de forma correspondente para cada braço. Fazer este exercício com o símbolo do infinito, como aparece na Figura 1.8, é um bom começo, bem devagar e pensando em cada movimento que vai sendo executado.

Figura 1.8 – Treino de independência de braços com o símbolo de infinito

1.5.3 Gravação em vídeo

Durante o estudo e a prática da regência, seja no ensaio, seja durante uma apresentação, é salutar que o regente registre em vídeo os movimentos executados da perspectiva dos cantores e instrumentistas. A câmera precisa estar posicionada entre os músicos de forma frontal e apontando para o regente, como aparece na Figura 1.9. O intuito de compor esse material audiovisual é revisitá-lo várias vezes e analisá-lo depois do calor dos momentos musicais, sem nenhum agito. Assim, com um olhar mais crítico, o regente pode avaliar objetivamente os próprios movimentos e trabalhar sobre eles a fim de modificá-los, buscando uma maior efetividade ou até mesmo maior beleza estética do movimento, o que também afeta a interpretação.

Figura 1.9 – Posicionamento de câmera para a gravação de interpretação gestual

1.5.4 Ritmos complexos

A articulação do discurso musical passa por várias camadas de informação. Entre as diferentes texturas musicais que as culturas propõem, algumas demonstram maior ou menor desenvolvimento de consonâncias e dissonâncias rítmicas. Ante tais tecidos, o regente deve apresentar movimentos que ajudem a encaixar os arranjos rítmicos com a maior exatidão possível. Para isso, a questão da polirritmia deve ser uma área de estudo abordada tanto quanto a percepção musical melódica e harmônica. Métodos de rítmica como o de José Eduardo Gramani (2013) são bastante favoráveis para o desenvolvimento polirrítmico do regente, incluindo mudanças de fórmulas de compasso. Disponibilizamos um exemplo desse tipo de treinamento na Figura 1.10.

Figura 1.10 – Exemplo de treino de ritmos complexos

Fonte: Gramani; 2016, p. 150.

Síntese

Da historicidade da regência, resgatamos três elementos importantes: (1) sua técnica foi sendo desenvolvida em conformidade com as necessidades interpretativas de seu entorno musical, ou seja, a música europeia; (2) o surgimento da pessoa regente como tal decorreu do desenvolvimento de uma escuta atenta dos elementos musicais por meio de um relativo distanciamento do grupo emissor de tal sonoridade, a fim de promover certa objetividade crítica do resultado a partir de uma posição privilegiada e de permitir a interferência na interpretação em tempo real; e (3) subsiste uma forma reduzida de conceber o regente como naturalmente autoritário e narcisista, em contraponto a uma concepção evoluída que prima pela liderança e pela coletividade.

Forjado o perfil do regente durante os séculos, além de altamente qualificado em matéria musical, esse profissional se converteu no ponto de encontro entre os diversos aspectos implicados na prática sonora de nosso tempo. Constituiu-se, assim, um horizonte interdisciplinar que contribuiu com seu perfil profissional. Isso tudo foi acompanhado por um desenvolvimento verdadeiramente humano capaz de solidificar relações interpessoais de confiança. Afinal, se os cantores e instrumentistas exercem um domínio pragmático sobre suas ferramentas sonoras, o instrumento do regente está conformado por indivíduos com consciências e contribuições particulares, as quais precisam ser agregadas e orientadas para a prática sonora.

Nessa ótica, a pessoa regente, para executar música com as pessoas que fazem parte de seu instrumento, tem de dominar as linguagens verbal e gestual, próprias da regência. Por mais renomado e virtuoso que seja, um músico, para se desenvolver na regência, precisa estudar sua gestualidade e seus cuidados, uma vez que, sem tais elementos, sua prática se torna limitada, ineficaz e pode provocar impactos negativos para a própria saúde.

Por último, existem métodos que auxiliam no processo de aprendizado e crescimento da prática da regência. Alguns deles são: a utilização de um espelho de estudo, exercícios de independência de braços, gravações em vídeo da *performance* musical/gestual em contextos de ensaio e de apresentações, assim como treinamento de ritmos complexos.

Atividades de autoavaliação

1. Indique se as afirmações a seguir são verdadeiras (V) ou falsas (F):
   ( ) O canto gregoriano é a expressão musical mais antiga do Ocidente e deu origem à prática da regência.
   ( ) O estilo orquestral inaugurado principalmente por Haydn, Mozart e a Escola de Mannhein impulsionou o surgimento da figura do regente como tal.

( ) Mesmo que os trabalhos composicionais de Beethoven tenham sido relevantes para sua época, eles têm pouca importância no estudo da regência.

Agora, assinale a alternativa que corresponde corretamente à sequência obtida de cima para baixo:

a) F, F, V.
b) F, F, F.
c) V, V, F.
d) V, V, V.
e) F, V, V.

2. Assinale a alternativa correta com relação à pessoa regente:
   a) Atualmente, as atribuições possíveis para o regente são estritamente musicais.
   b) Se uma pessoa não toca piano, não pode ser regente.
   c) Se uma pessoa não estudar a linguagem gestual da regência, sua atuação como regente será limitada.
   d) A percepção musical não é importante para o perfil do regente.
   e) Uma pessoa não pode desenvolver as aptidões necessárias para a regência; ela precisa ter o dom inato para essa atividade.

3. Indique se as afirmações a seguir são verdadeiras (V) ou falsas (F):
   ( ) O regente, exercendo sua função em pé, precisa de um espaçamento entre os pés para ganhar maior área de suporte na base do corpo.

( ) A linguagem verbal é desnecessária, pois todos os detalhes de interpretação podem ser compreendidos por meio da linguagem musical, que é universal.

( ) Para compensar o ponto de equilíbrio do corpo durante a elevação dos braços, o tórax do regente deve ser deslocado levemente para frente, ativando a musculatura dos membros inferiores, com a intenção de obter maior estabilidade.

Agora, assinale a alternativa que corresponde corretamente à sequência obtida de cima para baixo:

a) V, F, F.
b) V, V, V.
c) F, V, F.
d) F, F, F.
e) F, F, V.

4. Assinale a alternativa que expressa uma incoerência quanto ao cuidado com a saúde do regente:
   a) O regente deve fazer alongamentos antes de suas atividades.
   b) A umidade dos locais é um aspecto a ser avaliado para a preservação da saúde do regente e dos musicistas.
   c) Os locais de ensaios e apresentações devem ser avaliados, com o intuito de preservar a saúde dos musicistas e do regente.
   d) Em nenhum caso, a prática da regência pode ocasionar perda da audição em qualquer grau.
   e) A fisiologia vocal estudada para o canto é proveitosa para as atividades próprias do regente.

5. Indique se as afirmações a seguir são verdadeiras (V) ou falsas (F):

( ) A gravação audiovisual da gestualidade da regência precisa ocorrer de forma lateral, a fim de não incomodar os musicistas durante a execução.

( ) Exercícios com ritmos complexos ajudam no estudo da regência.

( ) A utilização do espelho para o estudo da regência não é uma novidade.

Agora, assinale a alternativa que corresponde corretamente à sequência obtida de cima para baixo:

a) V, V, V.
b) F, F, F.
c) V, F, V.
d) F, V, F.
e) F, V, V.

Atividades de aprendizagem

Questões para reflexão

1. Faça contato com cinco profissionais das áreas que se relacionam interdisciplinarmente com a prática da regência citadas neste capítulo (Quadro 1.1). Pergunte a eles quais são os conhecimentos e as ferramentas com os quais eles poderiam contribuir profissionalmente com a atividade da regência.

2. Faça contato com um cantor de coro e com dois instrumentistas de orquestra. Pergunte-lhes quais são os elementos da

regência que, para eles, fazem a diferença na interpretação musical particular.

Atividade aplicada: prática

1. Pesquise na internet a tese de doutorado do maestro Jorge Geraldo (indicada no "Para saber mais", na seção 1.4) e realize a série completa de exercícios sugeridos para o aquecimento antes da prática da regência, que aparece no primeiro apêndice do documento.

Capítulo 2
GESTOS

Depois de esclarecermos os princípios da regência, enfatizaremos movimentos gestuais. Como os gestos foram se desenvolvendo lentamente ao longo da história, foi apenas com a chegada da interdisciplinaridade no meio acadêmico do século XX que essa área passou a ser estudada de forma mais sistemática. Tal possibilidade acarretou, segundo a liberdade de cada regente, o abandono de algumas crenças antigas e a afirmação de outras, mediante a incorporação de métodos de estudo apoiados tanto na produção científica quanto nas experiências interpretativas dos últimos anos.

Atualmente, no Brasil, ainda são largamente utilizadas publicações que associam a gestualidade da regência com uma tradição carente de sistematização e de métodos de estudo. Diante do exposto, neste capítulo, apresentaremos algumas diretrizes que podem servir como ponto de referência para quem anseia iniciar o estudo da gestualidade interpretativa musical de modo mais assertivo.

2.1 Organicidade

Um termo bastante recorrente na literatura do estudo da regência é *organicidade*. Essa palavra é utilizada geralmente para definir um gesto condizente com as particularidades de cada indivíduo, como Ernest Ansermet (citado por Lago, 2008, p. 203) afirma: "o gesto só terá eficácia se for orgânico, ou seja, pessoal". Por sua vez, Pierre Boulez (citado por Lago, 2008, p. 203) assevera que "o gesto é verdadeiramente algo muito pessoal e é inútil tentar impor a qualquer pessoa um tipo de gestual. É como a voz".

Logo, assim como a sonoridade da voz humana obedece às particularidades fisiológicas e psicológicas de cada pessoa, o gestual de um regente tende a revelar um estilo próprio. Diante de tal afirmação, seria possível questionar: Se a gestualidade do regente é muito pessoal, por que há padrões de movimento nos livros de regência, por exemplo, relativos à marcação dos tempos?

Não precisamos negar as afirmações anteriores para responder a essa pergunta. Ocorre que, ao longo da história da regência, alguns padrões de movimento começaram a ser mais usados até ganharem popularidade por conta de sua maior eficácia. Tais convenções podem ser chamadas de *repertório gestual simbólico*. Elas tomam o caráter de símbolo porque guardam um significado particular para a comunidade musical:

> Este gestual simbólico adquiriu em nossos dias um valor de sistema altamente elaborado. Ele se constitui numa espécie de ciência exata, numa língua universal, o que faz com que o regente passe a deter uma técnica consumada de direção, capaz de enfrentar qualquer orquestra e de se fazer compreender sem pronunciar uma só palavra. (Leibowitz, citado por Lago, 2008, p. 215)

Essa compreensão complementa a ideia de organicidade na regência, pois também explica a eficácia de alguns gestos em relação a outros. Além de remeter a uma questão pessoal e subjetiva, orgânico é também aquilo que é "desenvolvido por meios naturais" (Orgânico, 2022). Trata-se, portanto, de algo que obedece às leis naturais, o que é natural de acontecer ao nosso redor.

Complementarmente, a percepção humana está afetada e condicionada pelas leis físicas que regem a natureza. Quando jogamos uma pedra para o céu, temos a certeza de que ela cairá logo em seguida e poderá acertar nossa cabeça. Assim é porque apreendemos que as coisas as quais observamos têm comportamentos previsíveis, pois todas elas são afetadas pelas leis naturais – no exemplo dado, a força da gravidade. Isso significa que podemos prever movimentos se estes são orgânicos, no sentido de manter um comportamento natural como a queda dos corpos. Lembremo-nos do que isso se trata:

> Quando abandonamos um objeto (uma pedra, por exemplo) de uma certa altura, podemos verificar que, ao cair, sua velocidade cresce, isto é, o seu movimento é acelerado. Se lançamos o objeto para cima, sua velocidade diminui gradualmente até se anular no ponto mais alto, isto é, o movimento de subida é retardado. (Máximo; Alvarenga, 2006, p. 55)

Seguindo essa linha de pensamento, presente na técnica de regência e no método de ensino do maestro Márcio Steuernagel, quando o gestual de regência é semelhante ao movimento acelerado e desacelerado da queda dos corpos, os musicistas podem prever que um acontecimento musical está prestes a acontecer com uma antecedência suficiente que lhes permita preparar e sincronizar sua execução. É raro ver manuais de regência que sigam esse raciocínio ao desenvolver o assunto da gestualidade à luz da queda dos corpos, conforme demonstrado na Figura 2.1.

Figura 2.1 – Queda dos corpos

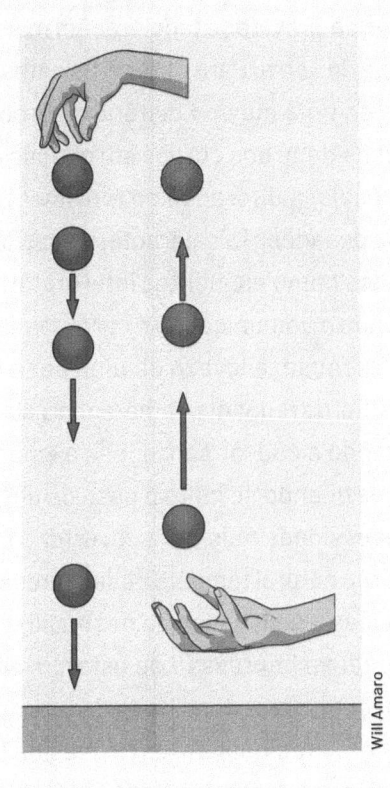

Will Amaro

Essa observação natural dos corpos, somada às convenções históricas de marcação de tempos, difunde tal linguagem mundialmente. Assim, qualquer regente, indistintamente de sua origem cultural, pode reger orquestras de outro entorno cultural sem dizer uma palavra. Certamente, a linguagem verbal nos ensaios é importante, mas, caso os músicos não compartilhem o idioma, isso pode ser solucionado por um intérprete, dispensando-o nos momentos de execução. Isso remete àquela frase popular segundo a qual *uma imagem vale mais que mil palavras*; neste caso, um *gesto* vale mais que mil palavras.

Estendendo o raciocínio, o comportamento da queda dos corpos obedece a um valor de gravidade (aceleração) mais ou menos fixo em toda a superfície da Terra. Para obter diferentes velocidades de movimento diante de uma mesma distância percorrida (altura), o fator variável é a densidade dos corpos em relação ao meio no qual eles se movem, ou seja, a diferença de movimento entre objetos mais leves ou mais pesados. Tais características incorporadas ao gesto são percebidas como elementos interpretativos do material sonoro, enriquecendo a comunicação e carregando-a de emoções e sensações. Por exemplo, a leveza de uma pena flutuando no ar impregnada no gestual da regência, remetendo a elementos propriamente musicais, tende a causar sensações e emoções diferentes daquelas suscitadas quando se imita o peso de um tijolo maciço.

Conforme a necessidade musical, subverter o comportamento dos corpos no entorno natural também pode representar uma forma de expressar emoções e sensações na gestualidade. Por exemplo, movimentos que deem a impressão de estarem acontecendo em um meio aquático, com maior densidade do que no ar, ou que não obedeçam à força gravitacional da Terra, mas da Lua. As possibilidades interpretativas se tornam infinitas e cabe ao regente utilizá-las da melhor maneira de acordo com o material musical que se está a comunicar.

É essencial, para o estudo da regência, levar em conta os dois aspectos da organicidade do gesto: (1) sua particularidade (subjetiva); e (2) sua universalidade (objetiva). A particularidade do gesto marca a personalidade interpretativa única de cada pessoa regente, ao passo que a universalidade do gesto é o que nos aproxima como humanidade dada uma vivência comum.

2.2 Gestos fundamentais

Com base na universalidade dos gestos construídos pela tradição interpretativa da regência, exploraremos, na sequência, os movimentos que conformam a base do trabalho gestual[1], os quais chamaremos de *gestos fundamentais*.

Um elemento que acompanha insistentemente o trabalho gestual da regência é a **respiração**. Isso pode ser explicado por dois motivos: (1) pela compreensão melódica sustentada na experiência humana do canto; e (2) pelo percurso privilegiado do desenvolvimento da regência na música puramente vocal dos primeiros séculos da nossa era. A respiração do regente é um elemento integrador, refletido no gesto, desde a preparação do movimento. Sobre isso, Leonard Bernstein (citado por Lago, 2008, p. 217) declara: "tal como acontece na respiração, a preparação corresponde ao ato de inspirar ao mesmo tempo em que a música executada corresponde à expiração".

Na Figura 2.2, representamos graficamente o gesto básico de preparação acompanhado de uma respiração.

...
1   Os gráficos gestuais presentes neste capítulo são baseados no trabalho de Joseph A. Labuta (2009), nesta ocasião, traduzidos para o português.

Figura 2.2 – Plano de regência e preparação

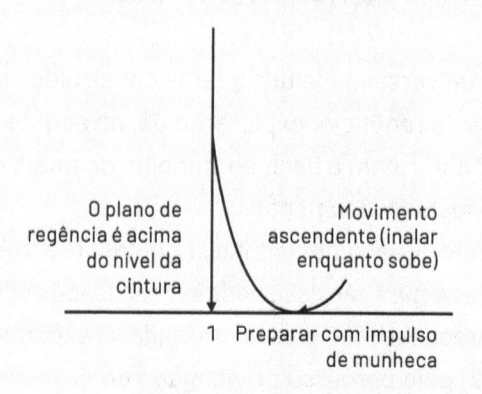

O plano de regência é acima do nível da cintura

Movimento ascendente (inalar enquanto sobe)

1   Preparar com impulso de munheca

Fonte: Labuta, 2009, p. 15.

Para uma execução exitosa do movimento mostrado na figura anterior, primeiramente é necessário definir o **plano de regência**, isto é, a superfície a partir da qual os movimentos partem aceleradamente e à qual voltam em uma velocidade similar depois de terem atingido algum pico de altura – em que o gesto fica brevemente suspenso ao trocar de direção. Esse plano de regência pode ser definido aproximadamente acima da altura da cintura, de acordo com a corporatura da pessoa. Como já registramos com exatidão em outro material, o procedimento de preparação é o seguinte:

> com um leve impulso de munheca, a mão sai do plano de regência em movimento ascendente acompanhada por uma inalação de ar. Ao chegar ao ponto mais alto, que pode ser perto da altura da cabeça, segundo a necessidade interpretativa, inicia-se o movimento descendente de volta ao plano de regência, finalizando com uma articulação de munheca como batendo no plano, sinalizando a execução efetiva do evento musical. (Manrique Yáñez, 2020a, p. 7)

Esse procedimento proporciona ao grupo um gesto inequívoco do início da obra. O **gesto de preparação** é, certamente, o mais importante da execução musical, já que a partir dele são definidas várias características que marcam a experiência sonora de toda a peça. Por exemplo, no primeiro gesto, estabelecem-se o andamento e a dinâmica da interpretação. Isso significa que outros andamentos introduzidos ao longo da peça serão percebidos em aceleração ou lentidão tendo como referente o primeiro gesto musical executado; isso vale também para outras dinâmicas.

Outro ponto primordial quanto à comunicação gestual do regente para um resultado sonoro unificado diz respeito aos **momentos de corte**, seja no meio da música ou no final. Na música vocal, isso ganha destaque quando há finais de frase que terminam com sons de articulação percussiva. Por exemplo, em palavras como *hábitat* e *déficit* ou em repertórios de língua estrangeira, nos quais tais finalizações são mais frequentes. De modo geral, o corte (Figura 2.3) marca uma finalização exata, quanto esta é desejada.

Figura 2.3 – Possibilidades do gesto de corte

sentido horário   sentido anti-horário

Fonte: Labuta, 2009, p. 19.

O gesto de corte é executado principalmente com a articulação da munheca. Esse movimento pode ser realizado no sentido horário ou anti-horário, como aparece na Figura 2.3, dependendo do contexto gestual e da organicidade corporal do regente. Como exercício, sendo uma situação que pode acontecer em um contexto real, é interessante praticar a junção desses dois movimentos básicos da regência, como expresso na Figura 2.4.

Figura 2.4 – Gesto de preparação e corte

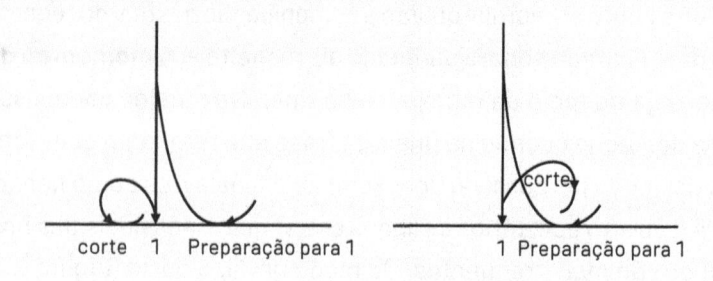

corte   1   Preparação para 1   1   Preparação para 1

Fonte: Labuta, 2009, p. 19.

Os gestos de preparação e corte são a base da regência, pois todo material musical, desde pequenas frases até obras completas, precisa iniciar e finalizar de alguma forma. Além disso, tais movimentos estão subentendidos ou já embutidos em outros movimentos que integram o repertório gestual do regente, como demonstraremos ao longo deste capítulo.

Diante do desenvolvimento da música métrica na história e da sistematização desta em fórmulas de compasso, também foram sendo assimiladas certas convenções gestuais para a marcação dos tempos. Essas convenções partem da seguinte regra básica: o primeiro tempo no centro, o penúltimo tempo para fora do corpo e o último tempo para dentro do corpo; o primeiro é de forma vertical, ao passo que os outros dois vão ganhando maior lateralidade. Aqui a referência é o centro de execução de movimentos considerando-se o braço, e não o corpo. Na Figura 2.5, estão representados esses três movimentos em relação ao plano de regência e sua conjugação no que seria um compasso de 3/4.

Figura 2.5 – Regra geral da marcação de tempos

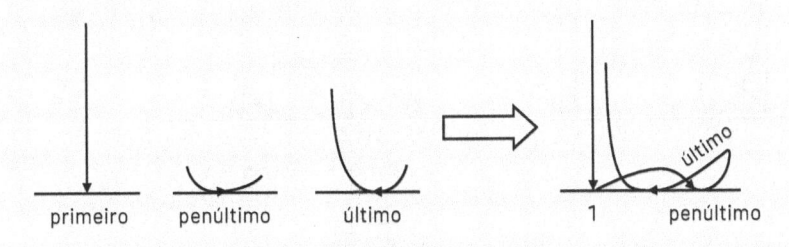

Fonte: Labuta, 2009, p. 23.

Essa convenção pode ser aplicada a qualquer fórmula de compasso, mesmo que precise ser simplificada nos casos de compassos unitários e binários simples. Na Figura 2.6, estão representados alguns gestos possíveis para a marcação de compassos simples, seguindo a convenção apresentada e respeitando a noção de queda dos corpos quanto a um plano de regência definido.

Figura 2.6 – Representações dos gestos de marcação de tempo[2]

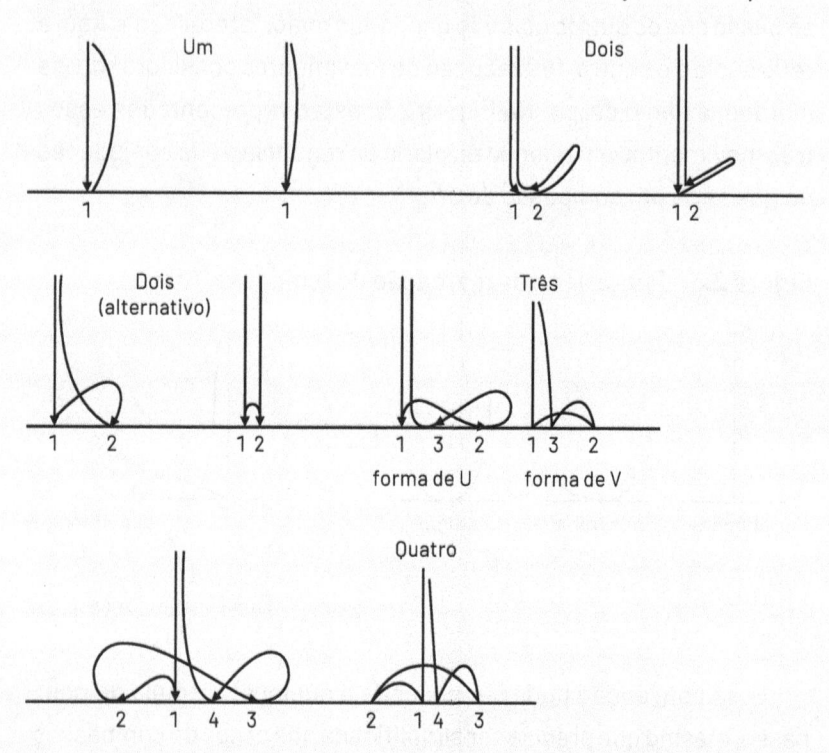

Um Dois

1 1 1 2 1 2

Dois (alternativo) Três

1 2 1 2 1 3 2 1 3 2
forma de U forma de V

Quatro

2 1 4 3 2 1 4 3

Fonte: Labuta, 2009, p. 24.

Todos esses diagramas de movimento foram desenhados para serem executados pela mão direita em forma de espelho em relação ao observador. É desejado que a mão esquerda possa replicar tais movimentos ao mesmo tempo, mas de forma espelhada em relação à mão direita. O compasso unitário sugere uma marcação de pulso vertical, o qual pode tender a ser mais reto ou levemente

...
2 No original de Labuta (2009), há dois gráficos adicionais que foram suprimidos, em razão de não serem necessários na abordagem que aqui fazemos.

oval. O compasso binário simples pode ser executado em forma de letra jota (J). Alternativamente, há outras duas possibilidades de marcação: uma delas diferencia o segundo tempo deslocando-o para fora do corpo, e a outra mantém o primeiro e o segundo tempos centralizados, os quais se diferenciam principalmente pela altura da preparação de cada movimento. O ternário simples segue claramente a convenção mencionada anteriormente. Por fim, o quaternário se distingue do ternário em virtude da inclusão do segundo tempo para dentro do corpo, continuando em movimento contrário ao terceiro tempo por cima do eixo de movimentos.

Nota-se que cada diagrama básico é representado por duas formas diferentes de contato com o plano de regência. Essa distinção se deve ao tipo de articulação que pode ser trabalhada dentro do mesmo gesto. Ampliaremos este assunto na seção 2.5, dedicada a articulações e dinâmicas.

Os modelos gestuais apresentados para os compassos simples podem ser expandidos aos compassos compostos mediante a aplicação de variações, conforme a necessidade do contexto musical. Por exemplo, na Figura 2.7, mostramos uma possibilidade de marcação do compasso binário composto 6/8. Esta opção gestual mantém a lógica binária subdividindo a primeira parte do compasso em pequenos arcos na direção do corpo. Depois, há uma mudança de direção atravessando o eixo vertical, anunciando a marcação do quarto tempo, que inaugura a segunda parte do compasso. Depois de atingir o quinto tempo na mesma direção, o sexto tempo volta a ser dirigido ao corpo, reconduzindo o movimento para o primeiro tempo. Repare que, espacialmente, a disposição dos movimentos mantém uma organização binária.

Figura 2.7 – Aplicação da regra geral da marcação em um compasso composto

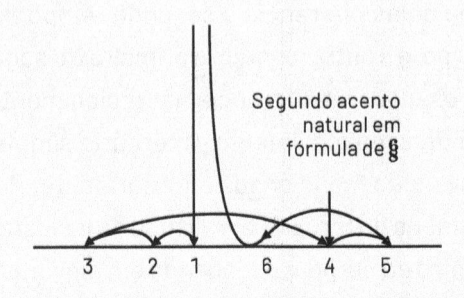

Segundo acento natural em fórmula de §

3   2   1   6   4   5

Fonte: Labuta, 2009, p. 19.

Neste ponto do estudo, é apropriado retomar o que mencionamos anteriormente. A sistematização da técnica da regência é um esforço que pode ser considerado recente. Por esse motivo, está sendo buscada na literatura específica a a melhor forma de descrever e comunicar o conhecimento sobre a gestualidade da regência. Assim, métodos e apostilas, principalmente produzidos no Brasil, apresentam representações gráficas dos movimentos dos braços com alguns pontos conflitantes com a teoria da organicidade e da gravidade e com a definição de um plano de regência.

Na Figura 2.8, mostramos alguns exemplos de representações inadequadas dos gestos.

Figura 2.8 – Representações inadequadas dos gestos

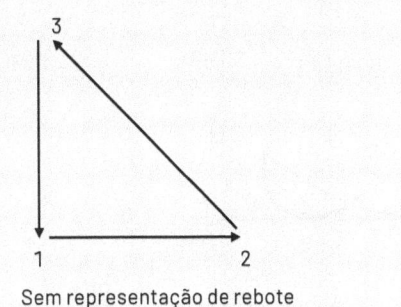

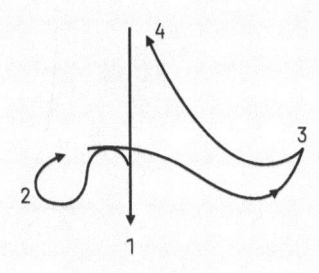

Sem representação de rebote

Numeração em lugares equivocados, fora do plano de regência

Fonte: Labuta, 2009, p. 23.

À esquerda, está representado um movimento que não obedece à organicidade do movimento humano. Seguindo essa indicação tal qual ela surge na imagem, obtém-se um movimento duro e robótico. Já à direita, há movimentos mais orgânicos do ponto de vista corporal, mas que não definem um plano de regência que sirva de referência tendo em vista a organicidade dos corpos afetados pela gravidade.

Reconhecendo isso e com a intenção de ampliar a aplicabilidade dos gestos fundamentais da regência, clarificaremos como estes se comportam em situações musicais nas quais o início da frase não é tético, ou seja, não se inicia no primeiro tempo do compasso.

Nas Figuras 2.9, 2.10 e 2.11, observe três situações possíveis para um compasso de 4/4 nas quais a frase musical não começa na cabeça do compasso.

Figura 2.9 – Preparação para o quarto tempo

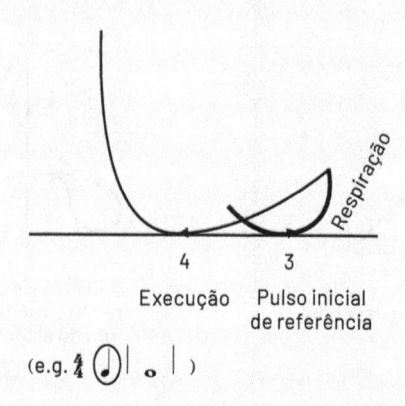

4 3
Execução Pulso inicial
          de referência

(e.g. 4/4 ♩ | o |)

Pulso inicial de referência = Articulação de munheca

Linha grossa = Preparação

Fonte: Labuta, 2009, p. 30.

Figura 2.10 – Preparação para o terceiro tempo

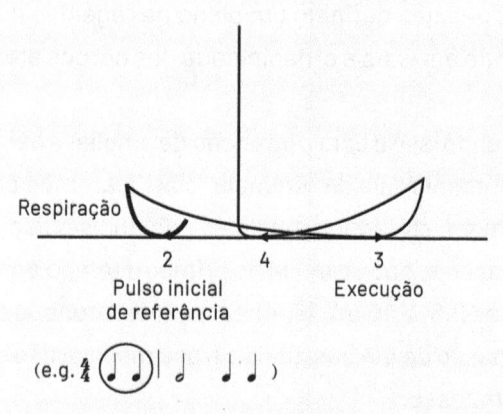

Respiração

2   4   3
Pulso inicial   Execução
de referência

(e.g. 4/4 ♩♩ | ♩ ♩♩)

Pulso inicial de referência = Articulação de munheca

Linha grossa = Preparação

Fonte: Labuta, 2009, p. 30.

Figura 2.11 – Preparação para o segundo tempo

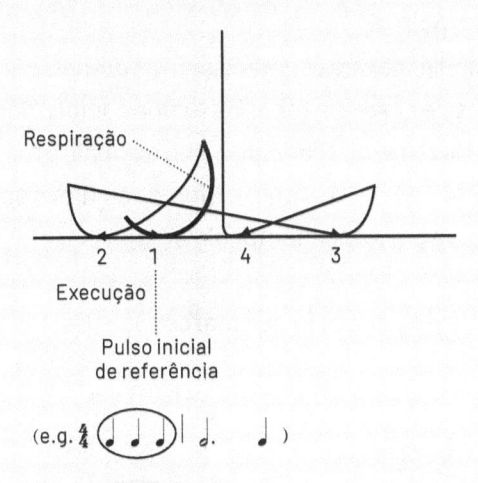

```
        Respiração
              2   1    4    3
           Execução

           Pulso inicial
           de referência

      (e.g. 4/4 ( ♩ ♩ ♩ ) | ♩.    ♩ )

Pulso inicial de referência = Articulação de munheca
Linha grossa = Preparação
```

Fonte: Labuta, 2009, p. 30.

Na primeira situação, a frase musical está programada para iniciar no quarto tempo. Isso significa que o gesto de preparação deve começar um tempo antes, no terceiro, acompanhado de uma respiração, na direção na qual se encontraria o movimento dentro de um contexto de marcação de tempo quaternário simples – ou seja, seria o penúltimo tempo se movimentando para fora do corpo. Nessa lógica, as duas situações seguintes são tratadas seguindo-se os mesmos princípios. No caso de o material musical iniciar no terceiro tempo, a preparação é inaugurada no segundo tempo em direção ao corpo. Por sua vez, quando o material musical começa no segundo tempo, a preparação é inaugurada no primeiro tempo, mas, desta vez, em um movimento oposto ao segundo tempo, para não causar neutralidade a partir de um movimento apenas vertical (como ocorre no primeiro tempo).

De forma similar ao que acontece com as preparações, é possível articular gestos de corte em todos os tempos dentro das marcações de compasso. Novamente tomando como exemplo a fórmula de compasso 4/4, na Figura 2.12, a seguir, expomos algumas possibilidades gestuais de corte para cada tempo do compasso.

Figura 2.12 – Gestos de corte nas marcações básicas

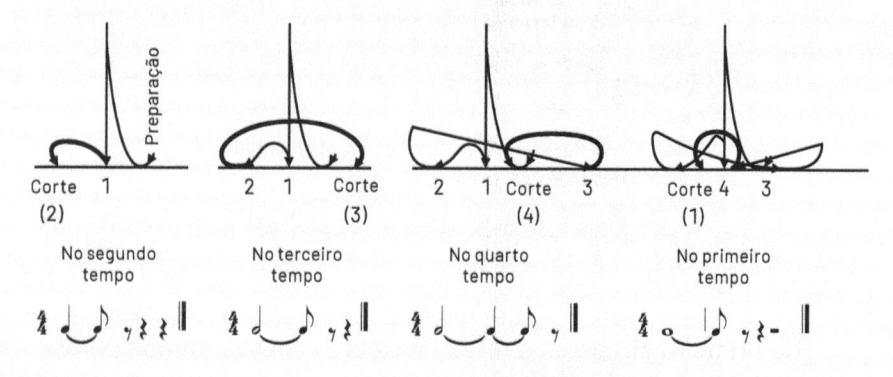

Fonte: Labuta, 2009, p. 31.

Todos esses movimentos auxiliam os cantores e instrumentistas a entender claramente as entradas e os cortes, momentos nos quais a regência é crucial. Não obstante, para que tenham o resultado esperado, eles precisam ser executados em uma organização hierárquica dentro da marcação de tempos. Tal hierarquia é dada pela incorporação de tempos ativos e passivos, os quais explicaremos na sequência.

2.3 Tempos ativos e passivos

Para iniciar a temática referente aos tempos ativos e passivos, tomaremos um exemplo. Imagine uma sala de aula lotada de estudantes adolescentes conversando e rindo. Um deles liga uma caixinha de som com a música de que gosta enquanto esperam a professora de Educação Física chegar. De repente, ela entra na sala e tenta chamar os alunos para irem todos à quadra de esportes, mas ninguém consegue ouvi-la. A professora eleva cada vez mais o tom de voz, mas seu pedido continua ineficaz. Por fim, à beira do desespero, ela leva à boca o apito que tem pendurado no pescoço e começa a soprar nele energicamente. Espantados, todos ficam em silêncio, e a música também é desligada. Assim, nesse ambiente menos turbulento, a professora calmamente dá o comando para que, em ordem, os alunos se dirijam à quadra de esportes, e todos começam a se movimentar.

Por que os estudantes não conseguiram escutar a professora em um primeiro momento? A resposta é simples: havia muito ruído no ambiente e, por isso, não foi possível estabelecer a comunicação.

Assim como acontece com a linguagem verbal, na linguagem gestual também podem haver ruídos. O gesto da regência também precisa de silêncio gestual, nele mesmo, para que as informações importantes sejam transmitidas de forma adequada e inequívoca. Num paralelo com o exemplo anterior, muitas informações acontecendo com tonicidade constante podem ocasionar ruído no gesto, como se fossem conversas cruzadas e sobrepostas, gerando um obscurecimento dos elementos mais importantes a serem comunicados. Ainda, se o regente adicionar gestos exagerados e desnecessários, tentando marcar um estilo próprio sem uma funcionalidade clara – como o estudante que ligou a caixa de som no meio de todo o barulho. Tal situação, além de não promover uma comunicação eficiente, pode provocar desorientação e desconforto nos instrumentistas e cantores, impactando negativamente a experiência musical do conjunto e, em última instância, a interpretação musical.

Para que um gesto seja mostrado eficientemente e comunique seu conteúdo simbólico, outros gestos precisam ficar em segundo plano, dando espaço de fala ao primeiro. Essa diferenciação é alcançada por meio de tempos ativos e passivos.

Assim, um movimento em tempo **ativo** é aquele que se destaca em relação aos outros. Isso é alcançado geralmente pela amplitude do gesto em sua preparação, o que conduz para uma resolução com maior ênfase comparada com as demais. Já um movimento em tempo **passivo** é aquele que conta com uma preparação normal ou até discreta, gerando uma sensação de continuidade sem nenhuma ênfase ou até buscando maior contraste a respeito do tempo ativo desejado.

Todos os gestos fundamentais que citamos na seção anterior precisam incluir em sua execução a noção de tempos ativos e passivos. Por exemplo, em uma marcação de tempos em fórmula de compasso 4/4, na qual seja preciso mostrar uma entrada no terceiro tempo, o gesto tem de demonstrar essa hierarquia preparando o terceiro tempo com maior amplitude e diminuindo a amplitude dos outros tempos. Com isso, o tempo ativo é mostrado claramente em relação aos outros tempos mantidos como passivos. Evidentemente, este é apenas um exemplo, mas também um ponto de partida a ser praticado gestualmente, entre as diversas possibilidades gestuais que cada contexto musical apresenta. A regra máxima é a escolha interpretativa do regente; lembremos que, diante de muita informação, é necessário escolher os elementos musicais a serem enfatizados e aqueles a serem deixados de lado, em prol da clareza do movimento e da efetividade do resultado interpretativo esperado.

A questão da amplitude e diminuição dos gestos também está presente na escolha de subdivisões para marcações de tempos em compassos compostos, segundo sua importância na estrutura musical. Como exemplo, podemos retomar o gesto mostrado para o compasso binário 6/8 na Figura 2.7. Observe que a estrutura gestual está claramente dividida em duas metades, e que, por causa da organização dos pontos de contato com o plano de regência, a amplitude do arco que sai do terceiro tempo em direção ao quarto tempo é maior do que a dos outros arcos, em virtude de seus pontos estarem mais distantes. Somado ao movimento contrário entre o terceiro e o quarto tempos, mencionado anteriormente, tal gesto ganha sua respectiva hierarquia dentro da organização musical do compasso.

É importante frisar que não basta entender os processos e seus fundamentos. Essa tarefa corresponde apenas à metade do esforço aqui proposto. A outra metade para chegar ao objetivo final é executar tais movimentos no próprio corpo. Para isso, não há outro caminho senão a repetição e a constante observação dos resultados para que os movimentos obtenham a organicidade desejada dentro do repertório simbólico apresentado.

2.4 Gestos complementares

Ainda que os gestos fundamentais sejam executados adequadamente e aplicados em contextos musicais reais, eles não são suficientes para todas as necessidades gestuais que a música demanda do regente. Por essa razão, a seguir analisaremos alguns casos particulares da regência, com o intuito de expandir o repertório gestual aqui exposto.

Anteriormente, apresentamos o gesto de preparação para frases musicais que iniciam na cabeça de diferentes tempos. E o que fazer se a frase começar em um contratempo? Eis aí uma primeira situação em que é preciso analisar possibilidades e expandir o repertório gestual. Para preparações em contratempo de caráter lento e ataque suave, é possível utilizar o gesto de preparação que indicamos anteriormente. Nesse caso, o movimento ascendente desacelerado será o parâmetro-guia. Os intérpretes saberão o momento de começar com a emissão sonora quando o movimento atingir o ponto mais alto do percurso, dando uma sensação fugaz de flutuação ao experimentar uma velocidade igual a zero e invertendo o sentido, no momento exato em que começa a precipitação em direção ao plano de regência. Esse gesto, mostrado na parte esquerda da Figura 2.13, pode ser designado **método de pulso único para entradas em contratempo**.

Figura 2.13 – Métodos de preparação de contratempos

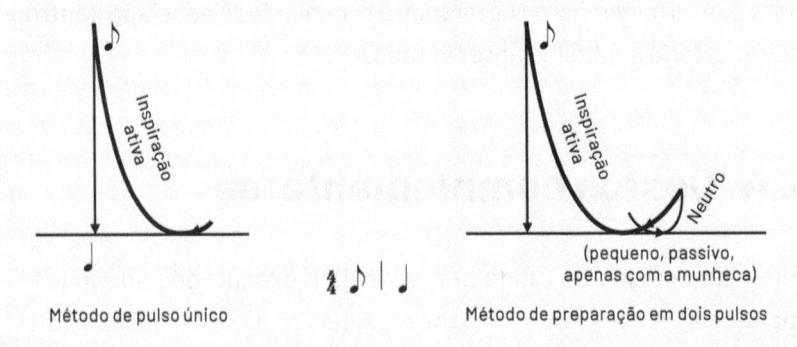

Método de pulso único

Método de preparação em dois pulsos (pequeno, passivo, apenas com a munheca)

Fonte: Labuta, 2009, p. 34.

Nos casos em que a entrada em contratempo tem de ser rápida e de ataque preciso, é preferível recorrer ao método de preparação em dois pulsos, mostrado na parte direita da Figura 2.13. Tal método prevê acrescentar uma pulsação de forma discreta ou neutral, caracterizando um tempo passivo, antes do pulso de preparação propriamente dito. Nesse movimento sutil, é conveniente focar no balanço da munheca, e não no antebraço. Caso esse primeiro gesto ganhe demasiada amplitude, corre-se o risco de os intérpretes confundirem-no com o gesto de preparação de pulso único e antecipar a inauguração do som. A intenção deste método é estabelecer antecipadamente uma relação de tempo constante entre os dois primeiros pulsos. Assim, o contratempo seguinte ganha maior precisão.

Há uma variação do método de preparação de contratempos em dois pulsos a qual é identificada como *click*. Ela consiste em mostrar a relação de tempo constante antecipadamente a partir do giro abrupto da munheca de 90°, como é mostrado na Figura 2.14. Para isso, a posição inicial da mão deve ser vertical, com a palma voltada para dentro do corpo. Entre o *click* do giro da munheca e a saída do movimento de preparação do contratempo propriamente, tem-se uma primeira relação temporal que não gera risco de ser confundida com o método de pulso único.

Figura 2.14 – Alternativa *click* ao método de preparação de contratempos em dois pulsos

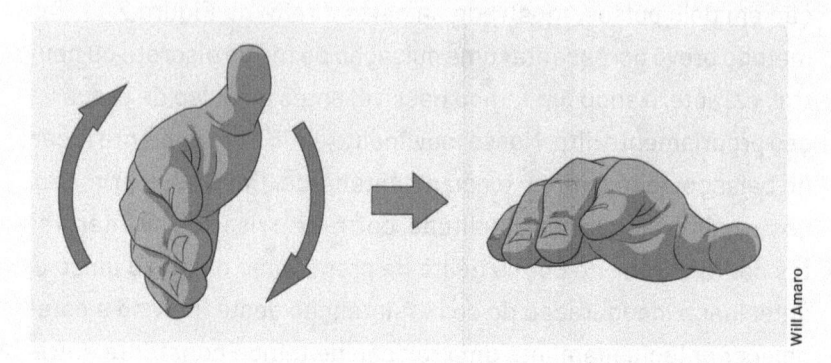

Assim como nas preparações, salvo algumas exceções, não se marcam os contratempos diretamente quando eles acontecem durante a música. Há três razões para isso.

A primeira é o fato de que todos os contratempos são percebidos como tais a partir da existência de uma pulsação constante. Sem a percepção dessa pulsação, o que deveria ser contratempo pode ser percebido pela mente como dentro do tempo, em uma nova pulsação interna organizada em relação ao material musical presente antes ou depois do evento em questão. Em outras palavras, a definição e o reconhecimento de um contratempo pressupõem a existência de outros tempos que sejam constantes para contrastar com estes.

O segundo motivo é que, com o intuito de manter a limpeza na eficiência gestual da comunicação, se o contratempo depende de um tempo de pulsação constante e antecipado por ele, pode-se optar por marcar somente o tempo de pulsação constante, deixando subentendida a aparição logo na sequência do respectivo contratempo e evitando um ruído gestual desnecessário.

A terceira explicação é que o regente não precisa desenhar a partitura com seus movimentos de mão. Seja por leitura de partitura, cifragem métrica ou memorização, todos os cantores e instrumentistas precisam conhecer a obra em execução com antecedência. O que eles procuram nos gestos do regente são pontos de apoio rítmico, expressividade, antecipações e confirmações de elementos musicais que levem o grupo a uma unidade interpretativa.

Outra organização gestual construída com base nos gestos fundamentais se refere às marcações de tempo subdivididas. Estas têm aplicabilidade em passagens musicais lentas nas quais o distanciamento entre os pulsos da marcação base não sejam suficientes para manter a exatidão requerida pelo contexto musical em particular.

Na Figura 2.15, observe algumas possibilidades gestuais para a marcação subdividida de compassos simples.

Figura 2.15 – Marcações de tempos simples em subdivisão

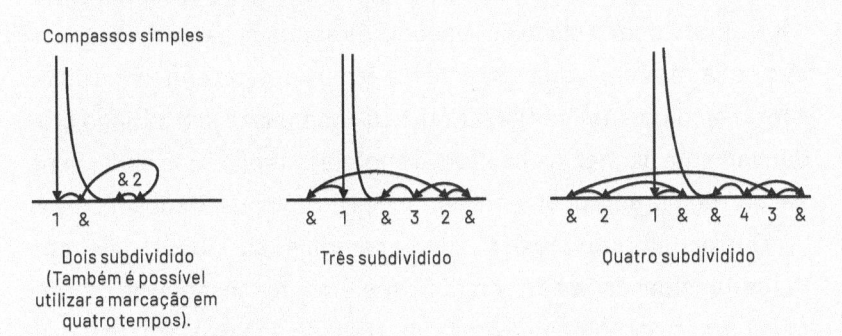

Compassos simples

1 & &2
Dois subdividido
(Também é possível utilizar a marcação em quatro tempos).

& 1 & 3 2 &
Três subdividido

& 2 1 & & 4 3 &
Quatro subdividido

Fonte: Labuta, 2009, p. 37.

Como regra geral do gesto subdividido, assume-se que as subdivisões devem preferencialmente estar orientadas na mesma direção que sua marcação de tempo base e em movimento contrário em relação à marcação de tempo base seguinte, com uma amplitude menor e estabelecendo uma hierarquia. Na Figura 2.16, apresentamos algumas sugestões gestuais para casos de compassos compostos.

Figura 2.16 – Marcações de tempos compostos em subdivisão

Compassos compostos

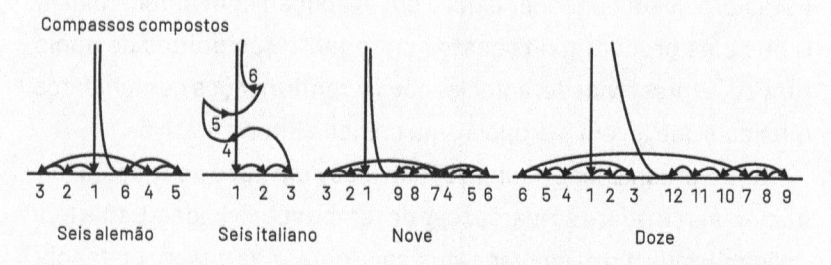

3 2 1 6 4 5   1 2 3   3 2 1 9 8 7 4 5 6   6 5 4 1 2 3   12 11 10 7 8 9
Seis alemão   Seis italiano   Nove   Doze

Fonte: Labuta, 2009, p. 37.

Cada contexto musical demanda gestuais particulares. É por isso que apresentamos duas sugestões de gesto para a fórmula de compasso 6/8, as quais também não pretendem esgotar as possibilidades. Chamamos atenção para o fato de o seis italiano abandonar seu contato com o plano de regência na segunda parte do gesto, o que poderia ser aplicado em uma frase musical que não tenha inflexões melódico-rítmicas nessa parte do compasso, permitindo gradativamente ganhar maior altura e energia potencial que poderá ser descarregada enfaticamente na cabeça do compasso subsequente.

Outro elemento musical que demanda maior atenção no que tange à gestualidade é a *fermata*. Esse elemento é inserido na escrita musical para denotar uma breve interrupção do fluxo temporal das pulsações, a modo de suspensão do tempo sustentando o som. O regente é quem define a duração segundo seu critério interpretativo. Na Figura 2.17, há três casos transitórios e um conclusivo, nos quais a *fermata* demanda soluções gestuais distintas a partir dos movimentos mostrados anteriormente.

Figura 2.17 – Casos de *fermata* em contextos diversos

A orientação geral para o gesto da *fermata* é que o fluxo do movimento não congele, mas continue como se estivesse em câmera lenta, sustentando o tempo desejado de suspensão geralmente com a palma da mão para cima.

No primeiro caso da Figura 2.17, a *fermata* se presta a sustentar um elemento musical seguido de outros elementos de forma contínua, sem interromper o fluxo sonoro. Para isso, basta a execução que acabou de ser descrita, com vistas à recondução do movimento de forma fluida conforme a necessidade. No segundo caso, a *fermata* é direcionada para uma vírgula, utilizada comumente para denotar uma articulação respiratória no repertório vocal. Depois do gesto de suspensão próprio da *fermata*, o regente tem de executar um corte que não acabe nele mesmo, mas que continue para o próximo evento musical, tudo dentro de um único fluxo. No terceiro caso, o elemento em questão é seguido de uma cesura que denota uma total interrupção da pulsação. Diferentemente do caso anterior, nesse contexto, o corte não busca continuidade, mas finaliza nele mesmo, ocasionando uma pausa sonora de duração de acordo com o critério interpretativo do regente. Assim, sem a sensação de pulso, é necessário fazer um gesto de preparação próprio para marcar a entrada do próximo elemento musical. No quarto e último caso, conclusivo, não há nada depois da *fermata* a não ser o encerramento da obra ou de uma parte dela, onde o corte após a sustentação da fermata é definitivo.

2.5 Articulações e dinâmicas

Como anunciamos na seção 2.2, quanto aos diagramas de marcação de compassos simples, as articulações musicais também podem ser comunicadas por meio da gestualidade. Aqui trabalharemos com os dois tipos de articulações mais utilizados: *legato* e *staccato*. Uma frase musical em *legato* objetiva que seus elementos sucessivos mantenham um fluxo contínuo de conexão como uma superposição tangencial, sem demarcar fronteiras rígidas. Por sua vez, uma frase musical em *staccato* busca grande precisão nos ataques de elementos curtos e isolados. São dois extremos bem definidos de articulação musical, o que consequentemente repercute na articulação do gesto na regência.

As duas articulações musicais contrastantes são diferenciadas pelo modo de contato com o plano de regência. Um contato arredondado, similar à grafia da letra U, expressa articulações em *legato*, pois a área de contato entre a trajetória do movimento que sinaliza o evento musical e o plano de regência é relativamente ampla, favorecendo a superposição de elementos sonoros executados pelo grupo musical. Já um contato mais pontiagudo, similar à grafia da letra V, indica articulações em *staccato*, uma vez que a área de contato entre a trajetória do movimento e o plano é pontual e específica, favorecendo a precisão no ataque conjunto de elementos sonoros (ver Figura 2.18).

Figura 2.18 – Representação do gesto em forma de V e de U, para *staccato* e *legato*, respectivamente

              ponto de contato   ponto de contato

Fonte: Labuta, 2009, p. 24.

Há outras formas de articulação musical que podem aparecer no repertório. Tais articulações não contempladas neste estudo podem ser executadas de diversas formas, segundo a organicidade e a inventividade de cada regente e partindo das propostas de articulação aqui apresentadas. Com relação à gestualidade para comunicar dinâmicas musicais, existem algumas opções que abordaremos na sequência.

As sinalizações de dinâmica na partitura, ou seja, de intensidade sonora, podem surgir essencialmente de duas formas: direta ou em variação gradativa. Quando as dinâmicas aparecem de forma **direta**, faz-se necessário antecipar o gesto para atingir a unidade dinâmica grupal desejada. Gestualmente, isso se traduz na amplitude do gesto a ser utilizado. Quando é preciso expressar um forte (*f*), o gesto tem de ser relativamente grande. Já quando se pretende expressar um piano (*p*), o gesto deve ser relativamente pequeno, tudo equacionado em conformidade com o contexto musical e gestual que vem sendo construído na interpretação.

Nas dinâmicas de **variação gradativa**, são trabalhados o *crescendo* e o *decrescendo*. A notação de ambos na partitura pode ocorrer tanto pela escrita da respectiva palavra ou por meio de chaves de abertura (<) ou fechamento (>) acompanhando a frase musical. Os gestos mais utilizados são o incremento ou a diminuição gradual dos movimentos que estejam sendo executados, ou a dedicação de um dos braços para mostrar tal variação em especial. Nessa última situação, um dos braços continua regendo os elementos musicais acompanhando a amplitude conforme a dinâmica, enquanto o outro braço mostra claramente a transição gradativa desejada.

Para visualizar esse último movimento, observe a Figura 2.19.

Figura 2.19 – Gesto de dinâmica gradativa lateral

Will Amaro

Sem pretender esgotar as possibilidades gestuais, analisaremos brevemente mais uma forma de expressão dinâmica. Para mudanças repentinas de dinâmica direta (súbito), podem ser estabelecidos dois planos de regência diferenciados pela altura em relação ao tronco, como exposto na Figura 2.20.

Figura 2.20 – Possibilidades de gesto para mudanças repentinas de dinâmica

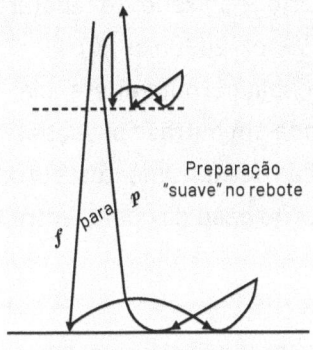

Para súbito p, recolher o gesto e elevá-lo ao plano de regência superior durante o contratempo precedente
p = pulsos pequenos, elevados, ligeiros

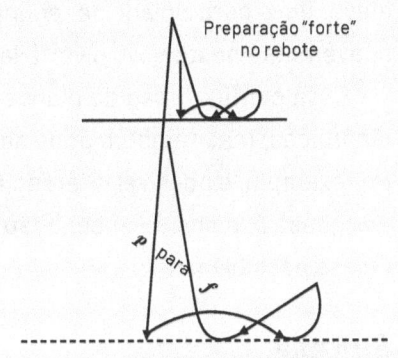

Preparação "suave" no rebote

Preparação "forte" no rebote

Para súbito f, precipitar o gesto e abaixá-lo ao plano de regência inferior
f = pulsos amplos, baixos, intensos

Fonte: Labuta, 2009, p. 55.

O plano inferior denota as dinâmicas que precisam ser fortes, ao passo que o plano superior indica as dinâmicas que devem ser leves, funcionando nos dois sentidos de acordo com o momento em que o regente inicia. Esses gestos podem ser comparados à trajetória de uma bola de tênis de mesa sendo projetada com força contra o chão; depois de bater e ganhar elevação, ela encontra a mesa, onde se precipita com maior leveza. O mesmo exemplo pode ser aplicado de forma inversa, começando sobre a mesa, com uma precipitação leve, iniciando o movimento e, depois, caindo com maior força no chão. Basicamente, esse raciocínio segue o teorema da energia potencial em relação à diferença de alturas. Como descrevemos em outra oportunidade, pensemos no seguinte exemplo prático: "num binário 6/8, para realizar uma marcação de piano súbito no quarto tempo a partir de uma marcação forte na primeira parte do compasso, podemos sair do terceiro tempo recolhendo o gesto e elevando-o para o plano de regência superior e deixando-o rebotar suavemente neste novo nível" (Manrique Yáñez, 2020b, p. 10).

Essa configuração de planos de regência permite diferenciar dinâmicas, mas também pode ser utilizada em outras aplicações. Por exemplo, é possível diferenciar famílias de instrumentos, coro e orquestra, palco de encenação e fosso, no caso da ópera, entre outras possibilidades.

Síntese

Neste capítulo, abordamos a gestualidade do regente a partir de um ponto de vista prático. No capítulo anterior, informamos que esse repertório de movimentos vem de uma tradição gestual da música europeia. Universalmente, tal tradição pode ser aproveitada com base em dois elementos que se desdobram do conceito de organicidade. O primeiro elemento, objetivo, trata da relação interpretante entre o comportamento dos corpos ao redor e a percepção humana. O segundo, subjetivo, refere-se à apropriação particular que o regente assume de tais gestos.

Por meio da prática e da apropriação dos gestos fundamentais aqui apresentados, da expansão destes em gestos mais elaborados e de sua aplicação em um repertório musical próprio, é possível construir um repertório gestual. Tal repertório não precisa ser restrito à música europeia. Mesmo que as bases da regência se encontrem principalmente no repertório europeu, que chamamos de *erudito*, é desejado que já desde o início da caminhada o estudante de regência busque aplicar essa herança gestual e seu estudo técnico em repertórios diversificados, contemplando as músicas brasileira e latino-americana.

Atividades de autoavaliação

1. Indique se as afirmações a seguir são verdadeiras(V) ou falsas(F):
   ( ) Os gestos na regência dependem única e exclusivamente de cada pessoa, isto é, são totalmente subjetivos.
   ( ) Os gestos na regência são construídos a partir de uma tradição gestual, enriquecida pelo estudo objetivo do movimento dos corpos em relação à percepção humana e incorporados na organicidade subjetiva de cada pessoa.
   ( ) Os gestos na regência são fruto de cálculos matemáticos e de princípios físicos dos corpos, comportando-se como uma ciência exata.

   Agora, assinale a alternativa que corresponde corretamente à sequência obtida de cima para baixo:

   a) F, F, F.
   b) F, V, F.
   c) V, V, V.
   d) V, F, V.
   e) F, F, V.

2. Assinale a alternativa que identifica o gesto mais apropriado para iniciar o seguinte trecho musical:

Figura A – *Adeste Fideles* (início)

![ADESTE FIDELES - Traditional Melody]

Fonte: Christian Brothers, 1913, p. 4.

a) Iniciar a preparação no primeiro tempo.

b) Iniciar a preparação no segundo tempo.

c) Iniciar a preparação no terceiro tempo.

d) Iniciar a preparação no quarto tempo.

e) Iniciar de forma direta, sem preparação.

2. Indique se as afirmações a seguir são verdadeiras (V) ou falsas (F):

( ) Os gestos de preparação e corte são essenciais para a regência.

( ) Não é necessário respirar ao executar um gesto de preparação.

( ) O gesto de corte pode ser executado apenas em sentido anti-horário.

Agora, assinale a alternativa que corresponde corretamente à sequência obtida de cima para baixo:

a) F, V, V.

b) F, V, F.

c) F, F, F.

d) V, F, V.

e) V, F, F.

4. Assinale a alternativa que identifica o gesto mais apropriado para iniciar o seguinte trecho musical:

Figura B – Início da obra *Feira de Mangaio*, de Glorinha Gadelha e Sivuca, 1979

Feira de Mangaio

Sivuca e Glorinha Gadelha

Fonte: Funarte, 2022, p. 175.

a) Atacar com um gesto certeiro exatamente na primeira nota que aparece. Assim, os músicos entrarão sincronizados.

b) Utilizar o gesto *click*, iniciando na cabeça do que seria o compasso 0, para iniciar a movimentação com um leve balanço no segundo tempo do mesmo compasso. Os instrumentistas terão uma definição de pulso, do qual se aproveitarão para entrar tocando no contratempo.

c) Esse tipo de entrada pertence ao repertório popular brasileiro. Os gestos da regência não se aplicam nesse caso por serem apropriados apenas para música de tradição europeia.

d) Bater rapidamente, sem preparação, no segundo tempo do que seria o compasso 0. Isso ocasionará uma resposta imediata dos músicos entrando logo no contratempo.

e) Começar a bater os tempos até perceber que todos os músicos entenderam a pulsação. Após verificar isso, fazer um gesto diferenciado para marcar o início da música.

3. Indique se as afirmações a seguir são verdadeiras(V) ou falsas(F):
   ( ) Os tempos ativos e passivos permitem estabelecer uma hierarquia entre os gestos da regência, o que proporcionará uma melhor compreensão do que se quer comunicar.
   ( ) Os gestos de tempos subdivididos, em geral, não seguem as mesmas diretrizes que os gestos de tempos base.
   ( ) As dinâmicas musicais de variação gradativa podem ser expressas pela amplitude do gesto ou se dedicando um dos membros para mostrar tal gradatividade.

   Agora, assinale a alternativa que corresponde corretamente à sequência obtida de cima para baixo:

   a) F, V, F.
   b) V, V, V.
   c) F, F, F.
   d) V, F, F.
   e) V, F, V.

Atividades de aprendizagem

Questões para reflexão

1. Procure o início de duas obras musicais de seu entorno cultural nos quais seja necessário aplicar gestos de preparação diferentes. Depois, pratique os gestos de preparação reproduzindo vocalmente o início das obras.

2. Faça um levantamento de métodos de regência, físicos ou digitais, e analise os gráficos dos gestos de marcação de tempos. Quantos utilizam o plano de regência como referência e a noção

de queda dos corpos para o percurso dos movimentos? E quantos utilizam gráficos semelhantes aos da Figura 2.8, sobre a representação inadequada de gestos?

Atividade aplicada: prática

1. Em frente a um espelho, pratique os padrões de marcação de tempos com a ajuda de um metrônomo. Escolha um ritmo de pulsação confortável e execute diversas fórmulas de compasso, repetindo um mesmo gesto algumas vezes e depois trocando-o por outro, sem parar. Repita essa experiência várias vezes, com velocidades de pulsação diferentes.

Capítulo 3
INTERPRETAÇÃO

A essência da atividade da regência reside na capacidade e no dever de interpretar o material musical. Isso significa guiar sua execução, trazendo de volta à vida uma obra em determinado contexto. Essa interpretação é permeada por elementos objetivos e subjetivos, os quais são equilibrados pelo regente, sendo o avaliar máximo a comunidade ouvinte receptora.

A capacidade de interpretar precisa ser treinada e pode tomar diversos rumos. Não é possível medi-la por meio de uma prova de conhecimentos técnicos; é preciso considerá-la mediante uma abrangência de abordagens que tomam a verdade como plural, justamente por pretender ser artística. Tendo isso em mente, neste capítulo, exploraremos alguns conceitos norteadores.

3.1 Fruição da arte

Para clarificar o que é o conceito de fruição da arte, é conveniente investigar as duas palavras que formam o termo. *Fruição* significa "ação de aproveitar ou usufruir de alguma oportunidade" e "utilização prazerosa de algo; gozo" (Fruição, 2022). Quanto a *arte*, deve estar claro que sua formulação tem passado por diversas perspectivas durante a história.

Acerca da primeira acepção de fruição, além de envolver um proveito ao se realizar certa atividade, sobressai a ideia de oportunidade, principalmente por se tratar de arte. Expresso de outro modo, o aproveitamento que nasce da interpretação musical de uma obra assume-se como único e irrepetível. É possível que existam outras oportunidades semelhantes, mas nunca iguais. Isso precisa ser entendido também do ponto de vista antropológico da experiência musical, o que envolve: estados de ânimo, temperatura, acústica e iluminação, que afetam a experiência, e, claro, as imperfeições que tornam toda atividade artística um ato ontologicamente artesanal e não industrial.

Por sua vez, a segunda acepção agrega o elemento de sublimação do prazer ao se realizar tal experiência. O prazer que cada um de nós pode sentir em qualquer experiência sempre será totalmente subjetivo e individual – por vezes, chamado de *gosto*. Embora apreciações de gosto possam ser muito pessoais, elas mantêm certo grau de influência por parte da comunidade. A despeito disso, o que pode ser afirmado em toda fruição artística é a expectativa de partilhar tal gosto, aumentando o raio de alcance da experiência, que, nesse caso, vai do particular ao coletivo. Em meio a tais relações humanas, especula-se em que ponto o gosto pessoal pode entrar em sintonia empática com o gosto de outras pessoas.

Retomando a palavra *arte*, a qual recebeu diferentes enfoques e contornos ao longo da história. Todas as perspectivas têm contribuído com a concepção do termo que subsiste no imaginário das pessoas e que continuará se modificando no futuro. Assim, por ser uma concepção dinâmica, cabe a nós acolher a definição de arte mais pertinente para nossa prática artística no tempo e no espaço em que estamos inseridos. Nesse sentido, a reflexão estética de Luigi Pareyson fornece uma definição bastante oportuna de arte, como formatividade que descansa em sua inventividade:

> O fato é que a arte não é somente executar, produzir, realizar, e o simples "fazer" não basta para definir sua essência. A arte é também invenção. Ela não é execução de qualquer coisa já ideada, realização de um projeto, produção segundo regras dadas ou predispostas. Ela é um tal fazer que, enquanto faz, inventa o por fazer e o modo de fazer. (Pareyson, 2001, p. 25-26)

Acolhendo a definição de Pareyson (2001), deduzimos que a arte é a execução inventiva que resulta de um processo de formação indeterminado. Aqui vale fazer uma ressalva: o termo *indeterminado* não remete a aleatoriedade, mas a uma expectativa do novo. Dessa forma, valida-se a ideia de oportunidade única ao estabelecer uma relação de fruição da arte diante de uma execução musical irrepetível.

Nesse universo conceitual, por vezes, surge um impasse. Alguns pesquisadores e estudiosos tentam conceber o que seria uma execução musical com pretensões de declarar-se como a obra em si, como forma final e fiel, com *status* de "verdadeira" perante outras que seriam declaradas falsas. Evidentemente, admitir tal impasse não invalida os esforços de interpretações historicamente informadas, que buscam se aproximar às práticas musicais considerando o modo como eram vividas nas épocas em que as obras foram concebidas, sobre uma visão voltada à arqueologia musical. Uma resposta que atende à contemporaneidade se refere à pluralidade da verdade, isto é, à construção da verdade a partir de diversas perspectivas possíveis.

> A formulação do verdadeiro é, por um lado, posse pessoal da verdade e, por outro, posse de um infinito. De um lado, o que é possuído é a verdade, e é possuída da única maneira como é possível possui-la, isto é, pessoalmente, a ponto de que a formulação que dela se dá é a própria verdade, isto é, a verdade como pessoalmente possuída e formulada. (Pareyson, 2005, p. 85)

Pareyson (2005) está a afirmar que a verdade que cada um assume sobre alguma coisa não se esgota na apropriação e formulação, as quais são necessariamente subjetivas, sendo uma das múltiplas possibilidades de conceber tal verdade, que nela mesma é infinita. Logo, certa verdade não invalida outras verdades, pois todas elas se complementam para conceber a verdade como uma construção coletiva. Se não fôssemos capazes de esboçar particularmente alguma forma da verdade de modo subjetivo, a verdade coletiva não poderia ser construída e formulada. Resumindo, não existem detentores únicos da verdade no campo da arte e da interpretação musical. A diversidade de visões interpretativas é uma dádiva.

Desse modo, é salutar que existam várias tradições interpretativas, nas quais a pessoa regente tem de mergulhar ao assumir a tarefa de interpretação musical, contribuindo com a manutenção e a possibilidade de ampliação de tais legados. Como exemplo, podemos citar o caso do canto gregoriano, que teve sua parcela de contribuição na gestação da prática da regência. A partir do século XIX, a Abadia de Solesmes[1] realizou um árduo trabalho de resgate desse gênero musical, criando uma tradição interpretativa que liderou amplamente a visão interpretativa mundial e que mantém seu lugar de destaque até hoje. Nessa tradição, constam os manuais elaborados pelo monge beneditino Dom Eugène Cardine:

> Para D. Cardine, na medida em que se pretenda restituir ao canto gregoriano o seu caráter original, os manuscritos medievais são o único instrumento. Assim, através desse estudo honesto e sem preconceitos e da comparação entre os vários manuscritos, pode-se extrair todo o significado que as grafias neumáticas oferecem de maneira plena. (Dewey, 1989, p. 8)

A tradição interpretativa de Solesmes é a maior referência de canto gregoriano até hoje. Malgrado, os estudos de Solesmes já

...
1   A Abadia de Solesmes é uma comunidade de monges beneditinos na França que, durante os séculos XIX e XX, tornou-se referência mundial em pesquisa e interpretação de canto gregoriano (Solesmes, 2022).

foram contestados por alguns acadêmicos que também pesquisam o assunto. Entre eles, o pesquisador Jacques Viret já escreveu duras críticas sobre tal tradição:

> A execução rítmica ensinada por D. Cardine se baseia na errônea noção do "tempo" ou do "valor silábico mediano"; em outras palavras, da equivalência entre a sílaba verbal e a nota melódica em si. Deste modo, D. Cardine desejava combater a volta à rotina do equalismo de Dom Pothier (o mais velho das três gerações) de que o ritmo cantado parte de uma duração breve e não de uma pulsação da sílaba/nota escolhida como padrão, da qual os neumas indicarão as sutis "nuances" de alongamento (valor silábico aumentado) ou encurtamento (valor silábico diminuído). (Viret, 2015, p. 67)

A diferença entre a tradição de Solesmes e a de seus opositores começa pela escolha das fontes de onde partem seus estudos. Enquanto Cardine (1989) mantém a visão de que o canto gregoriano só pode ser reconstruído pelos manuscritos medievais e por suas grafias musicais conhecidas com neumáticas, Viret acolhe complementarmente as práticas musicais tradicionais que subsistem nos povos ancestrais da região na qual o canto gregoriano se popularizou em sua época e que proveem intuições importantes.

As duas propostas interpretativas buscam responder de forma diferente a uma realidade do repertório gregoriano. A escrita musical neumática, que registrou por primeiro tais obras, refere-se a um conjunto de sinais que aparentemente não tem uma sistematização de tempo e duração. Isso significa que o material concreto abre espaço para especulações nesse sentido, as quais ganham maior ou menor aceitação a partir da fundamentação acadêmica elaborada por seus expoentes.

A questão da interpretação musical a partir de um sistema de notação, seja este qual for – incluindo a partitura atual –, constantemente dá margem à especulação e ao poder de escolha, ao trazer à vida o material sonoro. O que tem a dizer objetivamente a partitura moderna a respeito de timbre e intensidade, por exemplo? (Bosseur, 2014). Podemos entender isso como graus de liberdade interpretativa. Cabe ao regente, segundo sua subjetividade, fundamentar uma postura interpretativa plausível a ser adotada pelo grupo musical. A esse respeito, vale a pena reiterar que subjetividade não é sinônimo de aleatoriedade, mas de capacidade de escolha com base em um material objetivo e em suas tradições interpretativas. Herbert von Karajan (citado por Lago, 2008, p. 123) polemiza a questão:

> O que é um *forte* e o que é um *piano*? Um *piano* corresponde à metade de um *forte*, ou um terço, ou um oitavo? Que forças sonoras significam e, mesmo que possam ser mesuráveis, quais os efeitos desse som quando é produzido em duas salas de concerto diferentes? Beethoven nos indicou quantos decibéis deveriam ter certas passagens da *Nona*?

Em cada caso, definições largas de graus de liberdade interpretativa podem desencadear certo afastamento dos padrões estéticos que a obra guarda tradicionalmente. Esse afastamento não necessariamente é errado. Nesse sentido, existe a possibilidade de se fazer releituras, conceito que não é rígido, mas que denota esse afastamento intencional da fonte primeira. Quem poderia afirmar que obras de Beethoven não podem ser interpretadas por uma banda de *heavy metal*? E por que músicas de bandas de *rock* pesado não poderiam ser interpretadas por uma orquestra sinfônica? A fusão de estilos também é uma opção interpretativa. Certamente, há numerosos exemplos assim na história da música universal, em nosso entorno cultural ou na virtualidade da internet.

Concluindo a reflexão específica a respeito da interpretação e da fruição da arte, outro questionamento emana: Existem limites que identifiquem alguma escolha interpretativa como ousada demais? Tal pergunta não pode ser respondida por nós. De qualquer modo, uma vez que a proposta interpretativa tenha sido trabalhada e levada ao ouvido das pessoas, a pergunta terá que ser respondida pela coletividade, tanto por críticos e colegas do ambiente musical quanto pelo público, o interlocutor final.

3.2 Etnomusicologia

Quando admite que o ato artístico é como uma sinergia de diversidades, a partir de tradições interpretativas e da incontornável subjetividade de seus intérpretes, o regente tem de alargar o escopo pelo qual recebe a prática da regência.

A atividade da regência se desenvolveu indubitavelmente na tradição da música europeia, em um repertório que tem de ser estudo e apreciado pelo regente, não apenas para se apropriar da técnica, mas também por sua beleza. O que é desaconselhado a um regente latino-americano é se manter circunscrito nesse repertório por vezes desconexo de sua realidade cultural próxima. A grande presença étnica europeia no Brasil resultante das ondas migratórias garantiu espaço ao repertório europeu, mas sempre abraçando o compromisso da interculturalidade. A ferramenta que ajuda a trilhar esses caminhos de interculturalidade é a etnomusicologia.

A etnomusicologia é a ciência que estuda a música em seu contexto antropológico. Trata-se de uma abordagem totalizante que contempla a análise dos aspectos sociais, culturais e religiosos, para citar apenas alguns, privilegiando o método etnográfico. Esse esforço permite tomar uma distância salutar do objeto estudado, o que contribui para a formação de uma visão crítica da realidade. Os regentes precisam dessa ferramenta porque têm uma atuação ativa e interpretante no panorama de mediação artístico-cultural em que estão imersos.

Vista pelas lentes da etnomusicologia, a música europeia, de forma geral, guarda riquezas e particularidades atreladas a seu percurso histórico-social, as quais contrastam com outras expressões musicais no mundo. Tais diferenças não a colocam nem acima nem abaixo de outras culturas, mas a torna parceira no diálogo intercultural. Portanto, não é razoável atribuir categorias hierarquizantes, afirmando que a música europeia consiste no modelo supremo da humanidade, ou de apreciação de valor comparativo, assumindo que uma tradição musical é melhor que outra. O que é válido reconhecer é a presença de aspectos específicos que foram desenvolvidos em maior ou menor grau por cada uma das tradições musicais que existem no mundo. Dessa maneira, a música conhecida em vários espaços como *música erudita* não é outra coisa senão música étnica ou folclórica europeia; pois "todo tipo de música é música folclórica, no sentido que a música não pode ser transmitida ou ter significado desprovida de associações entre pessoas"(Blacking, 1974, p. X, tradução nossa).

Ademais, a definição do que é música precisa ser redimensionada: "'música', termo que tantos utilizam até hoje como se universal fosse, seria tão somente um termo criado em determinado contexto ocidental, porém de aplicação muitas vezes precária, impositiva e/ou mesmo violenta a outras práticas e saberes" (Lühning; Tugny, 2016, p. 8).

Nos processos de colonização das terras da América Latina, tivemos ganhos que precisam ser resgatados e valorizados, mas também sofremos grandes perdas, algumas realmente lamentáveis e até revoltantes. A mentalidade humana daquela época, ainda distante do discernimento contemporâneo, impossibilitou melhores resultados. O que nos resta hoje é o compromisso de tomar consciência da história e não repetir erros do passado. A esse respeito, o pesquisador Luis Ricardo Queiroz (2017, p. 137) chama atenção para o seguinte:

> entre os aspectos culturais sucumbidos por tais processos de inferiorização, práxis musicais não alinhadas às perspectivas da música erudita ocidental, referência de arte e de ensino de música na Europa colonizadora, foram excluídas de contextos "civilizados" de produção musical e, consequentemente, do processo de institucionalização do ensino de música.

Embora academicamente tenhamos avançado bastante nesse aspecto, tal carga cultural ainda está fortemente presente nos espaços cotidianos das sociedades latino-americanas. Por exemplo, neste livro, adotamos a ideia de público como um grupo de pessoas convidadas a apreciar o resultado sonoro produzido por outro grupo de pessoas. A tradição de música europeia erudita entende que o público precisa manter o silêncio absoluto, participando apenas do processo de escuta atenta como agente receptor do fenômeno sonoro. Entretanto, isso não precisa ser uma regra imposta a outros contextos culturais, em que o público se une ao grupo musical na execução sonora, seja por palmas, cantos, batuques, dança ou outro tipo de interação.

> **Ampliando o repertório**
>
> BOBBY McFerrin: Circlesong for 60,000 (excerpt). (2 min 56 s). Disponível em: <https://www.youtube.com/watch?v=EYiT2b9pGng>. Acesso em: 21 out. 2022.
>
> Assista à apresentação *Sing! Day of Song*, do cantor Bobby McFerrin, no Veltins-Arena Stadium, na Alemanha, que aconteceu em 2010. A interação musical entre ele e o público é parte estrutural da *performance*.

Nessas situações de interculturalidade, a presença ativa do regente nas relações entre arte e cultura é claramente importante, evitando engessamentos em ideologias temporais e promovendo um relacionamento saudável e enriquecedor de fruição artística para toda a humanidade. Assim, a prática da música europeia deve ser acolhida como uma grande parceira, que presenteia com sua beleza e complementa a prática regente, mas nunca como modelo único e incontestável de prática musical. Processos decoloniais estão em andamento, já tendo algumas conquistas, mas tendo muito a ser trilhado.

Um elemento da prática musical europeia que foi acolhido como contribuição por diversas culturas no mundo foi o sistema de notação musical. Concebida com base em paradigmas da música europeia em distintas épocas, e passando por diversos estágios de precisão, a partitura musical não consiste em um sistema acabado e fechado em si próprio, pois ainda segue em desenvolvimento, respondendo a novos desafios da composição musical contemporânea (Bosseur, 2014). Não obstante, o percurso evolutivo da notação também marcou o pensamento composicional que a viu nascer, permitindo a edificação de estruturas musicais de maior tamanho em comparação com as de outras culturas (Blacking, 1974). Isso em nenhum grau implica superioridade, mas, sim, uma característica que precisa ser avaliada. A **escritura musical**, sem uma devida adaptação, pode enrijecer certas práticas musicais que se mostram mais preocupadas com a espontaneidade e o dinamismo da *performance* e menos presas a definições de forma musical.

Há outras matrizes culturais que tiveram suas colaborações particulares em nível mundial. Da cultura africana, por exemplo, podemos mencionar a diversidade de instrumentos de percussão e os tecidos polirrítmicos. Esses elementos podem ser reconhecidos particularmente nas práticas musicais moçambicanas. Na Figura 3.1, a seguir, observe dois arranjos polirrítmicos de pulsos contrapostos praticados pelos africanos.

Figura 3.1 – Linha dupla de pulso elementar, de tradição africana

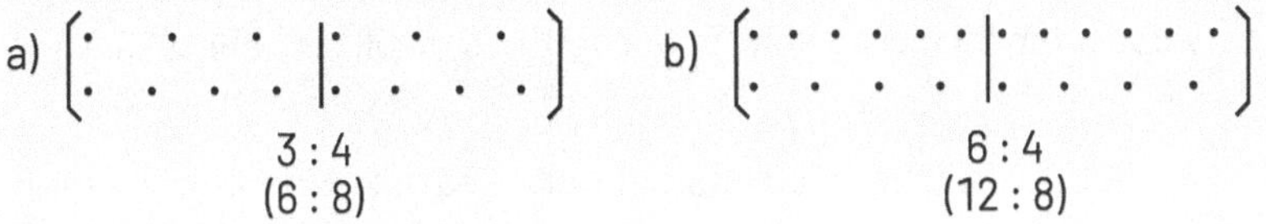

a) $\begin{pmatrix} \cdot & \cdot & \cdot & \cdot & | & \cdot & \cdot & \cdot & \cdot \\ \cdot & \cdot & \cdot & \cdot & | & \cdot & \cdot & \cdot & \cdot \end{pmatrix}$ b) $\begin{pmatrix} \cdot & \cdot & \cdot & \cdot & \cdot & \cdot & | & \cdot & \cdot & \cdot & \cdot & \cdot & \cdot \\ \cdot & \cdot & \cdot & \cdot & \cdot & \cdot & | & \cdot & \cdot & \cdot & \cdot & \cdot & \cdot \end{pmatrix}$

         3 : 4   6 : 4
        (6 : 8)   (12 : 8)

Fonte: Kubik, 2010, p. 34.

A partir do século XX, os compositores e as orquestras europeias passaram a acolher esses elementos que não estavam presentes em sua matriz cultural, e expandindo as possibilidades musicais até aquele momento exploradas por eles. O naipe de percussão das orquestras cresceu, incorporando instrumentos tipicamente africanos, como a marimba, e outros que, embora tenham sido desenvolvidos em diferentes partes do mundo, mantêm uma ancestralidade africana, como as congas cubanas.

Mas a África não se destaca apenas por suas contribuições nos aspectos rítmicos. O timbre vocal utilizado nesse território e sua expressividade também merecem destaque, pois privilegiam sonoridades da região do peito, diferentemente da técnica europeia do *bel canto*. Essa forma de cantar alimenta gêneros musicais atuais, como o repertório *gospel* que nasceu do Spiritual das populações negras africanas escravizadas na América do Norte, e o desenvolvimento de técnicas de canto específicas, como o *belting*, muito apreciado no teatro musical.

Ampliando o repertório

Soweto Gospel Choir promo video 90 second. (1 min 32 s). Disponível em: <https://www.youtube.com/watch?v=EbulUzkDJaE>. Acesso em: 21 out. 2022.

Como exemplo da expressividade da música africana, assista ao vídeo promocional do Soweto Gospel Choir, publicado em 2018.

Ainda, outra tradição musical com destaque no âmbito mundial e de características sonoras muito particulares é a da cultura árabe. A música árabe também teve boa parcela de contribuição nas questões rítmicas, principalmente por seus ritmos complexos e irregulares. Como já mencionamos, a prática vocal teve um lugar privilegiado na música europeia por vários séculos. Todavia, enquanto os europeus se esforçaram por encaixar a prosódia da palavra em pulsações regulares dentro da métrica dos compassos, os árabes aproveitaram a prosódia das palavras e suas acentuações para criar métricas irregulares, dando origem a seus ritmos complexos. A Figura 3.2 mostra um desses ritmos:

Figura 3.2 – Exemplo de ciclo rítmico irregular árabe

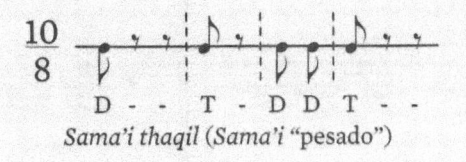

$\frac{10}{8}$ D - - T - D D T - -
Sama'i thaqil (Sama'i "pesado")

Fonte: Dib, 2013, p. 161.

Tais métricas irregulares constam em repertórios orquestrais europeu-asiáticos a partir do século XX, por exemplo, nas obras do compositor russo Igor Stravinski; contudo, o que estamos analisando aqui é o repertório tradicional árabe, que conta com evidências de sistematização rítmica que datam do século IX (Dib, 2013). Incursões rítmicas dessa natureza também se fazem presentes em bandas de *jazz fusion* e metal progressivo, como Chick Corea Elektric Band, Tool e Liquid Tension Experiment.

A música árabe também teve implicações interessantes de caráter melódico. As escalas árabes não estão restritas às 12 notas conhecidas pela música europeia tradicional, em que a menor diferença intervalar utilizada é o meio-tom. Há obras musicais árabes compostas em escalas que incluem também quartos de tom. Em razão dessa diferença, alguns instrumentos de origem ocidental não são capazes de tocar esse tipo de repertório por simplesmente carecerem de tais notas. Na Figura 3.3, mostramos o tetracorde inicial de uma escala árabe com essas características.

Figura 3.3 – Tetracorde árabe com quartos de tom

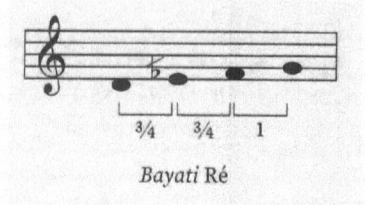

Bayati Ré

Fonte: Dib, 2013, p. 105.

A partitura expressa uma altura musical intermediária entre as notas Mi e Fá, não contemplada no sistema ocidental e inexistente em instrumentos como o piano, por exemplo. Para a regência, esse cenário tem implicações desafiadoras, uma vez que a percepção melódica do regente ocidental, que descansa geralmente apenas na tradição europeia, é treinada com base na organização intervalar de meios-tons, e não de quartos de tom.

E qual seria a contribuição da cultura latino-americana e, especialmente, da brasileira nesse panorama mundial da música? No caso do Brasil, uma de suas principais características musicais é a interculturalidade, graças a suas raízes históricas. Sob essa ótica, "a diversidade criativa dos povos brasileiros pode contemplar várias raízes culturais e gêneros como por exemplo a música afro-brasileira, luso-brasileira, rock-pop brasileiro, nordestina, gaúcha, fandango, MPB, erudita contemporânea e outras possibilidades" (Manrique Yáñez, 2021b, p. 10). Ampliando essa visão, a música ancestral do solo brasileiro tem particularidades por vezes discrepantes com o sistema musical herdado da Europa. É o caso do sistema de afinação temperado usado na música ocidental. Isso fica evidenciado no estudo de Daisy Fragoso acerca da análise de cinco cantos guarani Mbya, na tarefa de transcrever tais obras utilizando o sistema de notação musical ocidental que obedece ao sistema de afinação temperado:

> Havendo a impossibilidade de registrar as alturas não temperadas dos *mboraei* reunidos aqui, optou-se por transcrevê-los na altura imediatamente superior encontrada no sistema temperado. Assim, nos casos em que esta é a afinação, precisa-se considerar que, se foi transcrita a nota Fá3, por exemplo, a afinação real está entre Mi3 e Fá3; se consta na transcrição a nota Si♭3, a afinação real está entre Lá3 e Si♭3; e assim por diante. (Fragoso, 2019, p. 45-46)

Sem o devido cuidado, alguma interpretação rasa poderia considerar que as músicas guaranis são desafinadas. No entanto, considerando o estudo da história da música ocidental, sabemos que o ajuste das alturas do sistema temperado já é em si desafinado se comparado com os graus provenientes da série harmônica. Talvez seja válido questionar qual sistema de afinação se afasta ou se aproxima mais da afinação natural da série harmônica: o guarani ou o europeu? Esta questão não precisa ser respondida aqui, mas pode nos instigar a repensar nossos paradigmas em relação ao fenômeno sonoro. Ademais, não é preciso buscar um "vencedor"; podemos assumir que as diversas escalas e sistemas de afinação que existem no mundo conferem uma cor sonora específica a cada cultura, como vimos em um exemplo anterior sobre as escalas da cultura árabe, as quais podem chegar a ter até 24 intervalos de altura em uma mesma oitava (Wisnik, 2017).

A afinação é apenas uma das questões a serem levadas em conta quando tratamos de música brasileira. Assim como o canto africano, o canto dos povos originários brasileiros também é diferenciado por seu timbre característico, com predominância na região peitoral. Logo, seria uma proposta de interculturalidade interpretar uma música do repertório guarani, por exemplo, com a técnica italiana de *bel canto*; haveria, portanto, uma fusão de duas coisas diferentes. Isso não pode passar despercebido, isto é, deve ser uma opção interpretativa, e não uma falta de cuidado.

> **Ampliando o repertório**
>
> RAÍZES Indígenas | Musical | Centro Cultural Cesgranrio. Disponível em: <https://www.youtube.com/watch?v=42OnlCuP4zw>. Acesso em: 21 out. 2022
>
> Como exemplo de produção musical que explora as sonoridades da música ancestral brasileira, assista ao registro da obra *Raízes indígenas*, colocado em cena pelo Centro Cultural Cesgranrio.

De todo o exposto até o momento, depreendemos que o regente que assume a etnomusicologia como ferramenta interpretativa estará em condições apropriadas para identificar, compreender e aproveitar adequadamente, em seu entorno cultural, as pertenças culturais e seus desdobramentos. A música europeia tem muito a oferecer, mas ficar restrito a ela tende a reduzir experiência sonora humana.

3.3 Capital artístico

Desde crianças, temos contato com o ambiente musical que nos rodeia. Esse "despertar" sonoro pode ocorrer por processos espontâneos, como acontece no núcleo familiar e nos círculos sociais, ou com algum grau de sistematização, como ocorre na escola e propriamente em aulas de musicalização. Pouco a pouco, vamos adquirindo a capacidade de capturar as significações do material musical imbricados em sua carga histórica, cultural e estética.

Sob essa ótica, quando somos iniciados na etnomusicologia, percebemos não só uma ampliação do universo musical possível, mas também como este nos aproxima de realidades tão diferentes, carregadas de significações próprias. Dessa forma, tornamo-nos aptos a identificar, em maior ou menor medida, características estilísticas de uma obra musical que manifestam determinada identidade e que a diferenciam de outras obras. Tais características estilísticas são o que chamamos de *capital artístico*.

> **Para saber mais**
>
> SCHEFFER, J. A. **Amor pela música**: sobre o fluxo do capital artístico entre a orquestra e o público. 301 f. Tese (Doutorado em Música) – Universidade Federal do Paraná, Curitiba, 2019. Disponível em: <https://acervodigital.ufpr.br/bitstream/handle/1884/64038/R%20-%20T%20-%20JORGE%20AUGUSTO%20SCHEFFER.pdf?sequence=1&isAllowed=y>. Acesso em: 24 out. 2022.

> A expressão *capital artístico* é utilizada pelo filósofo Pierre Bourdieu e pelo sociólogo Alain Darbel em seus estudos sobre arte visual e museologia e foi transplantada para o estudo musical pelo pesquisador e regente Jorge Scheffer, em sua tese de doutorado.

O capital artístico de uma obra tem a capacidade de evocar suas raízes históricas, culturais e espirituais próprias, assim como as de seu autor e da sociedade de seu tempo, além de suas categorias e subdivisões de gênero e estilo musical. A esse respeito, cabe-nos fazer o seguinte alerta: "A obra de arte considerada enquanto bem simbólico não existe como tal a não ser para quem detenha os meios de apropriar-se dela, ou seja, de decifrá-la" (Bourdieu; Darbel, 2007, p. 71). Isso significa que se não tivermos acesso a vivências prévias, empíricas ou sistemáticas, por meio das quais possamos adentrar as estruturas estéticas de uma obra, teremos uma apreciação rasa da experiência artística proporcionada por ela ou, pior, não lhe atribuiremos qualquer valor artístico.

Na prática, isso pode ser exemplificado por meio das escalas árabes de quartos de tom que mencionamos anteriormente. A musicalização ocidental não nos treinou para identificar diferenciações intervalares desse tipo. Logo, essa produção sonora pode, aos nossos ouvidos, até mesmo soar desafinada por conta da incapacidade de decodificar seu conteúdo – a menos que alguém faça uma caridosa mediação que permita uma aproximação intercultural.

Consideremos um exemplo mais próximo. Não é raro encontrar, no Brasil, pessoas que não atribuam sentido algum à música de concerto orquestral europeia, principalmente se tal música for de épocas relativamente distantes. Por isso, instituições públicas e privadas no país empreendem esforços de formação de plateia, com o objetivo de levar o público geral brasileiro a compreender a riqueza desse tipo de experiência musical.

Também é verdade que pessoas que não fazem parte da cultura brasileira terão dificuldades para decodificar as *nuances* da beleza da música própria do Brasil – por exemplo, ao tentar diferenciar um ritmo forró de um ritmo samba, com toda a carga simbólica-cultural que cada um deles carrega. Nessa direção, podemos citar os cadernos de partituras de música brasileira *on-line* produzidos pela Fundação Nacional de Artes (Funarte), que contêm introduções de textos verbais apresentados em quatro idiomas diferentes e que descrevem os aspectos estilísticos e culturais que o repertório brasileiro oferece para o mundo.

Sintetizando, o processo de comunicação de uma obra musical se estabelece pela emissão e recepção de seu conteúdo; logo, não basta emiti-lo, pois ele precisa ser capturado pelo público com algum grau de êxito. Podemos chamar esse processo de **fluxo de capital artístico**, por meio do qual a emissão será entendida como a "atualização de um processo de interlocução entre vários discursos, manifestação de diálogos, entre os mais diversos gêneros e [...] épocas" (Baccega, citado por Scheffer, 2019, p. 41), e a recepção será vista como a ressignificação do que o público "ouve, vê ou lê, apropriando-se daquilo a partir de sua cultura, do universo de sua classe, para incorporar ou não as suas práticas" (Baccega, citado por Scheffer, 2019, p. 41).

Exemplificando a última afirmação: uma pessoa chinesa pode nunca ter escutado músicas utilizadas na prática da capoeira. Entretanto, a partir de uma experiência exitosa de mediação artística-cultural que apresente um repertório musical que identifique a capoeira como uma arte marcial, além da apreciação dos movimentos dos praticantes, essa pessoa poderá ressignificar o conteúdo apresentado e associá-lo de alguma forma a suas próprias artes marciais, como o Tai chi chuan, que também é praticado com música. Apenas seria necessário que alguém, de uma forma ou de outra, promovesse essa vivência.

Contudo, quem poderia ser a pessoa caridosa a fazer essa mediação intercultural com esforços institucionais públicos e privados? A resposta é: o regente, em colaboração com sua equipe de produção. Sim, embora esse profissional seja o principal encarregado de decodificar o capital artístico e interpretá-lo com seu grupo artístico, ele não está sozinho nessa tarefa de mediação. Nessa ótica, uma das ferramentas de mediação mais utilizadas é o **programa de concerto**, o qual se refere a um material escrito e disponibilizado antes das apresentações e que contém as principais informações das obras que serão realizadas, assim como dos compositores e do grupo artístico que as executará. Para produzir esse material, o regente e sua equipe precisam ter escolhido e decifrado o repertório, possibilitando a redação e a edição gráfica do material a ser distribuído.

Nesse espectro, também devemos alargar o conceito de **fazer música**, pois para que o público tenha acesso à obra, ele também precisa ser convocado e acolhido em espaços adequados para a execução musical. Por um lado, deve-se contemplar um fluxo de capital artístico de qualidade que permita uma experiência plena de fruição artística, e, por outro, deve-se promover sua devida administração e financiamento. É por isso que o acontecimento musical, na integralidade de seus atores e de suas atividades, leva o nome de **práxis sonora**, expandindo-se para

> a articulação entre discursos, ações e políticas concernentes ao sonoro, como esta se apresenta, muitas vezes de modo sutil ou imperceptível, no cotidiano de indivíduos (músicos amadores ou

profissionais, agentes culturais, empreendedores, legisladores), grupos (coletivos, públicos, categorias profissionais) e instituições (por exemplo, conselhos, grupos de idade, empresas, sindicatos, agências governamentais e não governamentais e escolas). (Araújo, citado por Lühning; Tugny, 2016, p. 10)

Novamente, é dado ao regente um lugar privilegiado como agente articulador de todos os indivíduos e grupos que tornam possível a práxis sonora. Portanto, o regente é quem lidera musicalmente o grupo artístico, apresentando-se diante do público e dirigindo a interpretação. É também quem incorpora a espiritualidade dos compositores para dar vida às obras. Assim, os agentes culturais interatuam com o regente para saber quantos músicos precisam contratar para interpretar determinada obra. E sob essa ótica, diversas relações entre intérpretes, agentes culturais e público se dinamizam na pessoa do regente, como mostrado graficamente na Figura 3.4.

Figura 3.4 – Regente como articulador da prática musical

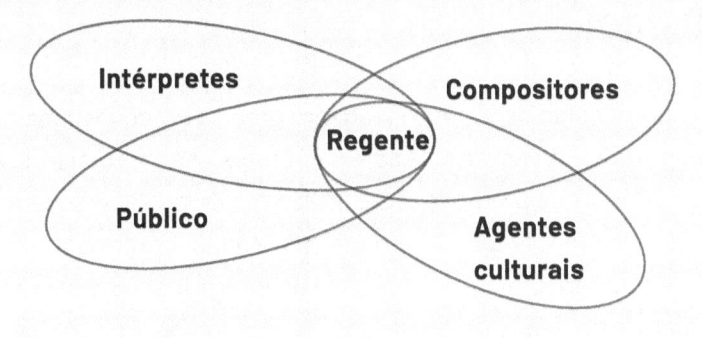

Fonte: Manrique Yáñez, 2021a, p. 6.

Além disso, deve estar claro que as plateias não são meramente receptoras passivas dentro do fluxo artístico. Isso significa que o público pode se envolver ativamente e interagir com esse fluxo de várias formas. O simples fato de as pessoas comprarem ingressos para assistir a uma apresentação já é um exemplo de interação. O público também pode afetar diretamente as execuções musicais e seus intérpretes durante a *performance*, participando com palmas, cantos, danças e até com gritos de euforia, ou apenas mediante o silêncio atento e respeitoso. Ainda, as pessoas podem manter sua interação posteriormente ao evento musical, por meio de palmas finais, da entrega de objetos significativos e de fotos e comentários que circularão na internet por um bom tempo. Afinal, o público é a razão de ser de todo o fluxo de capital artístico, dos agentes culturais, dos artistas e do próprio regente.

3.4 Preparação de uma interpretação musical

Como já enunciamos, a pessoa regente precisa ter conhecimentos prévios que lhe sirvam de guia para compreender e capturar a essência da música que pretende reger. Mas o resultado esperado não é apenas reflexivo. O propósito é a materialização sonora da obra. Assim, a primeira tarefa prática no processo de interpretação musical é o planejamento. Seja individualmente ou em equipe, no começo de uma temporada de trabalho, o regente deve: definir um repertório a ser interpretado; pensar em formas de articular o fluxo de capital artístico; prever as necessidades técnicas musicais e de produção; estimar o tempo de ensaio necessário para cada obra; e estudar o material musical a fim de estabelecer as estratégias de ensaio que possibilitarão sua execução a partir de uma visão interpretativa própria. Detalharemos esses aspectos na sequência deste capítulo.

3.4.1 Questões preliminares

As motivações para a escolha do repertório podem ser muito diversas, estando alinhadas a datas comemorativas, a práticas religiosas, a preferências institucionais, a objetivos culturais ou educativos, entre outras possibilidades. Independentemente das motivações, significativas e legítimas, a primeira tarefa do regente é verificar se o repertório proposto está de acordo com o perfil do grupo musical que será regido. Nesse sentido, há dois elementos importantes que merecem especial atenção: o grau de dificuldade da obra e a configuração musical que ela requer.

Não adianta o regente programar a obra que sempre sonhou reger se ela extrapola o nível técnico do grupo, pois o resultado poderá ser frustrante. No entanto, é possível desenhar um percurso de repertório, isto é, traçar degraus de aprendizado pelos quais o grupo pode começar a desenvolver sua técnica em determinada direção desejada, a fim de que, após esse aprendizado, ele esteja pronto para finalmente executar a tão estimada obra. No caso de grupos iniciantes ou estudantis, outra opção é produzir arranjos facilitados, mas que não firam a essência da obra. Nesse panorama, invariavelmente ocorre alguma perda estética, tendo a contrapartida de possibilitar uma vivência musical diferenciada para o grupo. Já para grupos profissionais, simplificações não se fazem necessárias, mas ainda é preciso dimensionar adequadamente a quantidade de tempo e de esforço requeridos para uma adequada execução. Estas são apenas orientações gerais, aplicáveis a casos diversos, mas que devem ser consideradas com antecedência.

Quanto à configuração musical, a opção tradicional é interpretar obras compostas para a formação musical específica do grupo, fazendo justiça às escolhas timbrísticas do compositor. Isso não exclui a possibilidade de promover adaptações, complementações, orquestrações e arranjos personalizados. Pensando em um exemplo desafiador, seria possível que uma banda folclórica andina interpretasse uma obra orquestral do período romântico? Sim, seria possível, contanto que o arranjador tenha a sensibilidade necessária para absorver os códigos linguísticos da obra original e transportá-los adequadamente para a nova configuração instrumental, provocando uma experiência estética de grande valor artístico e intercultural. Para casos menos ousados, existe, ainda, a opção de contar com cantores ou instrumentistas convidados especialmente para algum repertório que demande elementos diferenciados específicos.

Ampliando o repertório

PRODUCCIONES HORIZONTE. Clasicos Andinos I. 1992. Disponível em: <https://open.spotify.com/album/3C3V3ws3oqjmbeJMvd7Z7V>. Acesso em: 24 out. 2022.

Ouça atentamente a execução da "Valsa das flores", 3º movimento da suíte *O quebra-nozes*, do compositor russo Piotr Ilitch Tchaikovsky, interpretada por músicos andinos.

Depois de definir o repertório, é necessário pensar em estratégias que possibilitem um fluxo de capital artístico adequado entre os intérpretes e o público. Isso também implica desenvolver uma percepção do nível de recepção que o público apresenta considerando os códigos estéticos das obras às quais ele será exposto.

Como comentamos anteriormente, o programa de concerto é a ferramenta mais utilizada nesses casos, mas não a única. O público também pode ser convidado a chegar alguns minutos antes do início da execução musical para um momento que podemos chamar de *pré-concerto*. Nessa ocasião, é possível contar com um palestrante que faça uma mediação explicativa introdutória acerca do material sonoro em questão. A depender do caso, explicações do próprio regente, entre a execução das obras, também são bem-vindas, a fim de conduzir a atenção do público a determinados aspectos musicais de cada estilo. As possibilidades são muitas, mais ainda quando se trata de um público de crianças. Nesse caso é possível, até mesmo, apresentar atores contracenando com os cantores e instrumentistas, em harmonia com a proposta estética, no intuito de tornar a experiência musical mais lúdica e acessível para o alvo receptor.

Ampliando o repertório

THE MUSIC of Pixar Live! | Disney's Hollywood Studios. Disponível em: <https://www.youtube.com/watch?v=qxECsmXu2qA>. Acesso em: 17 ago. 2022.

Como exemplo de emissão e recepção de capital artístico, assista ao registro do espetáculo *The Music of Pixar Live! | Disney's Hollywood Studios*, no qual a orquestra interpreta músicas dos filmes da produtora Pixar, com personagens em cena e imagens dos filmes compondo o cenário.

A organização do repertório, seu dimensionamento e as estratégias de fluxo artístico são temáticas que devem ser pensadas desde o início do planejamento. Contudo, não é preciso esperar que elas estejam totalmente determinadas para dar continuidade ao processo. A dinâmica dos passos que comentaremos em seguida enriquece todo esse fluxo de capital artístico. Aqui, vale fazer um alerta: não se deve gastar o tempo precioso dos ensaios e o esforço humano com experimentações injustificadas e obras que no final não possam ser executadas. Tal raciocínio se aplica também ao tempo de planejamento investido em ideias de mediação para o fluxo do capital artístico que escapem às capacidades logísticas e financeiras dos projetos.

3.4.2 Investigação sobre a obra

Ao usufruir artisticamente de uma obra musical, bem como conhecer suas raízes e seus vínculos etnomusicológicos e assumir o papel de mediador da experiência sonora e de seu capital artístico, o regente tem de fazer uma imersão honesta no universo da obra. Nesse sentido, deve estudar as conjunturas artísticas e sociais da obra e de seu compositor a fim de evidenciar as implicações disso para intérpretes e plateia.

Algumas propostas interpretativas visam atingir a maior proximidade possível com a forma como a prática musical era concebida na época em que a obra foi composta – por isso, são chamadas de *historicamente informadas*. A despeito disso, de forma abrangente, toda interpretação musical que se reconheça como artística precisa ser historicamente informada para se aproximar o máximo possível do espírito da obra. Assim, cabe ao regente escolher quais elementos estéticos serão mantidos e quais poderão ser ajustados para uma compreensão atualizada. Mesmo nos casos de uma releitura radical do conceito da obra, algum traço do original precisará ser aproveitado para se mostrar reconhecível pelo público.

3.4.3 Escolha da partitura

Considerando a época em que determinada obra foi composta e a prática musical da cultura em que foi concebida, é preciso ter cautela ao escolher a edição da partitura que servirá de base para a interpretação.

Já comentamos que a notação musical não pretende ser um holograma exato e rígido do que permeava a mente do compositor em seu período de produção, pois podemos reconhecer graus de liberdade a fim de, justamente, abrir espaço para diferentes interpretações. Sob essa perspectiva, a investigação sobre a obra ajuda a reconhecer quais são os graus de liberdade próprios de cada intenção composicional, os quais, ao longo da história, foram bastante diversos.

O que ora estamos apontando é a problemática das reedições não confiáveis, isto é, de interpretações circunstanciais posteriores à concepção da obra original e que foram registradas na notação como se fossem parte genuína desta[2]. Desde a época dos copistas, passando pela invenção da imprensa e chegando aos dias atuais, com a era digital, precisamos evitar as modificações caprichosas e resgatar as possíveis omissões que acontecem no processo de transmissão escrita.

A orientação geral é acessar a forma mais antiga de escrita musical na qual a obra tenha sido registrada. Por vezes, isso poderá exigir conhecimentos de paleografia musical, a depender da antiguidade da composição. Felizmente, para aliviar tais esforços, hoje há publicações de partituras, feitas por acadêmicos especializados, com escritas mistas e adaptadas; são, portanto, edições que

...
2   Analisaremos um exemplo do exposto no Capítulo 6, com a obra *Jesu, Rex Admirabilis*, de Giovanni Pierluigi da Palestrina.

apresentam o material musical em notação moderna, mas mantendo aspectos históricos e grafias complementares que deixam transparecer a gênese da obra. Dois exemplos disso foram apresentados no Capítulo 1, nas Figuras 1.1 e 1.2, vinculadas respectivamente à música grega e ao canto gregoriano.

Adicionalmente, uma opção interessante é consultar partituras alternativas que respondam às necessidades de cada caso. Por exemplo, uma redução para piano de uma grade orquestral é oportuna para acompanhar ensaios de trechos apenas vocais, para realizar uma análise harmônica ou, até mesmo, para evitar excessivas viradas de página na partitura do regente durante a apresentação. Não obstante, para ensaios completos, nada melhor que a partitura por extenso, com todos os detalhes possíveis.

3.4.4 Estudo da partitura

Para estudar a partitura de uma obra, o regente precisa saber reconhecer os aspectos musicais que orientarão suas escolhas gestuais e a elaboração de estratégias de ensaio. Mais que uma análise cotidiana de harmonia, de contraponto ou de forma, tal estudo pretende atingir, de fato, uma interpretação própria, considerando todas as perspectivas apresentadas até aqui. Nesse sentido, uma abordagem possível é a proposta por Joseph A. Labuta (2009), que sugere realizar essa tarefa em três passos básicos, dos quais resgatamos os seguintes pontos:

- **Primeiro passo**: fazer uma leitura de reconhecimento da obra, procurando desenvolver uma audição interna de como se pretende que esse material escrito se comporte sonoramente. Como as dinâmicas deverão soar? E os timbres? Quando ensaiar com o grupo, essa construção da audição interna será o padrão interpretativo com o qual será possível comparar os resultados da execução e para o qual o regente tentará guiar os intérpretes. Nessa perspectiva, deve-se prestar especial atenção ao modo como as frases se comportam e se inter-relacionam, delineando com clareza suas dinâmicas, articulações, pontos de inflexão e textos verbais (quando existirem). Também é necessário considerar onde estão localizadas as tensões harmônicas, modulações, cadências, mudanças de métrica e de andamento, e identificar as estruturas formais da música, desde as menores até as maiores.

- **Segundo passo**: tendo reconhecido totalmente a obra, o regente tem de procurar trechos nos quais a regência apresente desafios de execução gestual. Uma sugestão é demarcar tais pontos na partitura por meio de cores que diferenciem os aspectos de cada anotação. Por exemplo, caso haja mudanças de dinâmica, estas podem ser marcadas com a cor vermelha; se houver mudanças de andamento, estas podem ser identificadas em azul, e assim por diante. Obviamente, os regentes experientes têm menores dificuldades e, com efeito, não precisam fazer tantas anotações, ao passo que regentes iniciantes encontram maiores dificuldades e, por isso, recorrem com mais frequência a tais anotações. Assim, após a identificação de tais trechos, os gestos escolhidos devem ser ensaiados e avaliados, se possível em frente a um espelho de prática. O regente não pode chegar ao ensaio mostrando insegurança a respeito de seu gestual. Pior ainda é ter de repetir determinadas partes por conta da execução de gestos malresolvidos.

- **Terceiro passo**: identificar trechos que representem um desafio para o grupo musical e programar métodos e estratégias que auxiliem a superar tais dificuldades. Por exemplo, se o regente vai interpretar uma obra coral de tecido polifônico com dissonâncias ardidas e fechadas, uma abordagem para encarar esse desafio é iniciar o ensaio com alguns exercícios de construção de dissonâncias por graus conjuntos até chegar a sustentar *clusters*. Ou no caso de uma obra orquestral que apresente passagens polirrítmicas complexas, pode-se começar fazendo uma leitura rítmica das partes apenas com palmas, sem os instrumentos, com o objetivo de obter maior precisão e clareza.

3.4.5 Referências interpretativas

Algumas pessoas podem pensar que ouvir outras interpretações pode contaminar as próprias ideias na busca de uma interpretação totalmente original. No entanto, quando o regente escuta uma boa variedade de possibilidades interpretativas, toma consciência do que já foi feito e, assim, pode expandir o processo de compreensão do espírito da obra. Além disso, essa prática serve como referência para atingir algum afastamento em relação a execuções tradicionais conhecidas, caso esta seja a proposta. Certamente, é importante não se expor a interpretações desajeitadas e desprovidas de senso artístico.

3.5 Contemporaneidade

O que esperar de uma interpretação musical contemporânea? Como temos discutido até o momento, a contemporaneidade não busca por respostas interpretativas universalistas, mas por um verdadeiro universo repleto de diversidades, as quais só podem ser articuladas mediante um preparo técnico-musical apropriado e interpretadas a partir do espaço que ocupamos no entorno cultural do qual fazemos parte, que, nesse caso, é o Brasil. A esse respeito, a pergunta de Darcy Ribeiro também se torna interessante para nós: "Que é o Brasil entre os povos contemporâneos?"(Ribeiro, 2014, p. 447). Como ele mesmo responde, somos um povo em fazimento, entre nativos e estrangeiros que se enraízam juntos. Assim, quando falamos em música brasileira, precisamos especificar: Qual delas? A característica da música brasileira é beber de várias vertentes. No âmbito da música coral, por exemplo, Carlos Alberto Figueiredo (2006, p. 48) comenta que

> é preciso respeitar a diversidade de manifestações corais em nosso país, os vários tipos de repertório executados, as diferentes maneiras de se emitir o som vocal e outros aspectos. A proposta de um modelo coral para nosso país, como já cheguei a ouvir, não deve ser, jamais, um objetivo dos regentes, em suas trocas de experiências. As diversas tribos devem se dar conta dessa diversidade e conviver pacificamente.

Elementos de tradições africanas, árabes, europeias e de outras partes do mundo também são compartilhados no Brasil. Alguns foram adquiridos por influência externa nos processos de colonização, de escravidão, migratórios ou de interculturalidade contemporânea; outros, por sua vez, simplesmente por semelhança a partir de bases culturais diferentes. De toda forma, fato é que o Brasil "é já a maior das nações neolatinas, pela magnitude populacional, e começa a sê-lo também por sua criatividade artística e cultural" (Ribeiro, 2014, p. 449-450). Seguindo esse raciocínio, o que pode parecer cotidiano e até sem graça para uma pessoa da cultura local, para pessoas de fora dessa cultura pode ser formidável, de grande valor, talvez por nunca ter sido visto. Esse é o caso do etnomusicólogo francês Gerard Béhague (1937-2005), apaixonado pela música latino-americana e brasileira, que teve uma importante produção acadêmica na investigação dessas expressões artísticas e culturais (Volpe, 2010). A diversidade do Brasil, longe de representar uma falta de identidade monolítica, corresponde a um leque de oportunidades estéticas.

    A abertura estética da interculturalidade caminha junto da ideia de verdade proposta pelo filósofo Luigi Pareyson, conforme expusemos anteriormente. Houve um tempo em que os regentes pretendiam atingir, em suas interpretações, uma perfeição ilusória que as declarasse a forma acabada da obra, "um desempenho perfeito à tentativa de gravar em superfícies indeléveis uma concepção 'definitiva', sempiterna, de como a música deve ser tocada" (Lebrecht, 2002, p. 15). Tais esforços não fazem sentido para nossos dias.

    Hoje, a preocupação interpretativa está mais focada em dois âmbitos: a **aproximação histórica** e a **possibilidade de inovação**. Pela primeira, procura-se conhecer a música do passado como ela realmente era, por meio da produção científica e da pesquisa performática, em uma comunidade acadêmico-musical. Pela segunda, preza-se por novas experiências sensoriais, por meio das quais se fazem as releituras e as estreias composicionais.

A **releitura** de uma obra consiste em um esforço de apresentar um material musical pré-existente com uma nova roupagem e de forma premeditada, seja por fusão intercultural, por adaptação ao contexto musical e social, ou por expansão das possibilidades musicais que inexistiam na época em que tal obra foi composta. Para exemplificar esse último caso, podemos nos perguntar: Na intenção de levar ao extremo o desempenho orquestral de sua época, o que a Escola de Mannheim e Beethoven poderiam ter feito se dispusessem das possibilidades eletroacústicas com que contamos atualmente? Como possibilitar às mentes musicais de hoje uma experiência renovada desse mesmo repertório usando as ferramentas tecnológicas hoje disponíveis? Claramente, essas perguntas não demandam uma resposta imediata, mas abrem horizontes a serem explorados.

Por sua vez, as **estreias composicionais** merecem, sem dúvida, um lugar de destaque considerando as atividades do regente. Além de ser uma honra concedida pelo compositor, trata-se de uma tarefa altamente desafiadora, uma vez que a pessoa regente não tem referência interpretativa da obra à qual possa acudir. Assim, sua interpretação será a primeira referência sonora que o mundo ouvirá.

No entanto, isso não significa que os regentes estejam desprovidos de referências globais, pois toda nova composição nasce em um contexto cultural e artístico. Na composição contemporânea vocal e instrumental, há estilos que vêm sendo definidos, métodos que estão sendo sistematizados, além de técnicas estendidas com amplos graus de liberdade interpretativa, notações musicais criadas especialmente para as necessidades das obras, abordagens estruturais de formas musicais dinâmicas, entre outros desafios, um mais empolgante do que o outro.

A contemporaneidade também contempla a multidisciplinariedade nas linguagens artísticas. Sabemos que isso não é novidade em termos históricos, pois espontaneamente acontece desde os primórdios da música – por exemplo, na ritualidade ancestral e no teatro grego. O desafio, desta vez, é o desenvolvimento tecnológico que acompanha tais linguagens e as interconecta. Sobre isso, podemos mencionar as interpretações de obras feitas para filmes sendo executadas em sincronia com as imagens projetadas. Também poderíamos pensar em execuções musicais guiadas por *click track*[3] e corpo de dança em cena, com sincronização de luzes, som e efeitos pirotécnicos. As possibilidades simplesmente se multiplicam exponencialmente com o grau de complexidade.

Síntese

A interpretação musical envolve um sem-úmero de conhecimentos que conduzem a um estudo interdisciplinar. *Grosso modo*, interpretar significa passar por momentos de apropriação, avaliação, contextualização, planejamento e execução, os quais acarretam tanto processos técnico-práticos quanto intelectuais. Assim, o domínio sobre o capital artístico, bem como sua avaliação e contextualização considerando o meio cultural em que vivemos, permitem um planejamento logístico e de ensaios que resultam em uma execução adequada ao público.

O fenômeno da globalização mundial tem privilegiado a interação entre as culturas e dinamizado diversos elementos musicais, como

---

[3] *Click track* é um recurso musical do gênero *live electronics* e consiste na escuta de uma base gravada, frequentemente com um metrônomo e com apontamentos sonoros, que permite a sincronização entre músicos ao vivo e um material sonoro de origem eletrônica.

é o caso dos instrumentos de percussão e das texturas polirrítmicas. Tais elementos originários da África têm florescido e desenvolvido uma beleza própria na América Latina. Nessa ótica, percebemos nos musicistas latino-americanos uma carga cultural de interesse para a musicalidade global. Não parece ser por acaso que regentes dessa região vêm sendo acolhidos por orquestras no mundo todo, inclusive as europeias[4].

Do exposto, podemos concluir que o paradigma musical se modificou. A riqueza sonora proveniente de outras regiões diferentes da Europa penetrou as fronteiras desse continente e repousou nas obras compostas a partir do século XX. Uma prática musical de raízes distintas às europeias apresenta necessidades diferenciadas de interpretação e, em alguns casos, demanda novas abordagens por parte do regente.

Atividades de autoavaliação

1. Indique se as afirmações a seguir são verdadeiras(V) ou falsas(F):
   ( ) A verdadeira interpretação de uma obra será a que mais se aproxime da versão original.
   ( ) A apropriação subjetiva da verdade de uma pessoa a respeito de uma obra artística não invalida a apropriação subjetiva de outra pessoa.
   ( ) O gosto é totalmente subjetivo e pode ser compartilhado ou não por uma comunidade musical.

...
4 Casos emblemáticos são os do maestro venezuelano Gustavo Dudamel, à frente da Orquestra Sinfônica de Gotemburgo, na Suécia, do maestro colombiano Andrés Orozco-Estrada, à frente da Wiener Symphoniker, na Áustria, e da maestrina mexicana Alondra de la Parra, à frente da Orquestra Sinfónica de Queensland, na Austrália.

Agora, assinale a alternativa que corresponde corretamente à sequência obtida de cima para baixo:

a) V, V, V.
b) F, V, V.
c) F, F, F.
d) F, F, V.
e) V, F, F.

2. Assinale a alternativa **incorreta** sobre a etnomusicologia na interpretação musical:
   a) Existem escalas musicais que não podem ser tocadas pelo piano.
   b) O naipe de percussão das orquestras de tradição europeia cresceu por influência da cultura africana.
   c) O sistema tradicional de notação musical europeu, embora não atenda a todas as necessidades sonoras de outras culturas, tem sido bem acolhido mundialmente.
   d) O *bel canto* é considerado, para todas as culturas, o modelo de técnica vocal a ser seguido.
   e) Estudar apenas o repertório tradicional europeu restringe a experiência sonora que o mundo oferece.

2. Indique se as afirmações a seguir são verdadeiras(V) ou falsas(F):
   ( ) Para fruir em bom grau do capital artístico de uma obra musical, o público precisa estar munido dos meios para decifrá-la.
   ( ) A recepção do conteúdo musical não está garantida apenas por meio de uma interpretação musical exemplar.
   ( ) O regente precisa contribuir ativamente no planejamento do fluxo do capital artístico.

Agora, assinale a alternativa que corresponde corretamente à sequência obtida de cima para baixo:

a) V, V, V.
b) F, F, F.
c) F, V, F.
d) V, F, V.
e) V, V, F.

4. Assinale a alternativa **incorreta** a respeito da preparação de uma interpretação musical:
   a) As partituras editadas em uma época distante da composição da obra podem apresentar opções interpretativas como se fossem elementos originais da composição.
   b) O regente deve desenvolver a capacidade de interpretar uma partitura musical momentos antes do ensaio, sem preparação e sem fazer anotações, para não alterar a obra.
   c) Quanto mais referências interpretativas tiver, maior será a consciência de originalidade que o regente terá da própria interpretação.
   d) No momento de estudar a partitura, é preciso identificar possíveis desafios para o grupo musical e a regência.
   e) Sem uma adequada investigação da obra, o aproveitamento do capital artístico será limitado.

3. Indique se as afirmações a seguir são verdadeiras (V) ou falsas (F):
   ( ) Os regentes brasileiros devem se esforçar para alcançar uma padronização estética coral que possa ser considerada identitária para o país.

( ) A interpretação da estreia de uma composição contemporânea e inovadora deve ser desprovida de qualquer referência estética anterior, buscando a novidade em seu estado puro.

( ) As releituras de obras consagradas falseiam o verdadeiro espírito da composição.

Agora, assinale a alternativa que corresponde corretamente à sequência obtida de cima para baixo:

a) V, F, V.
b) V, V, F.
c) F, V, V.
d) F, F, F.
e) V, V, V.

Atividades de aprendizagem

Questões para reflexão

1. Pesquise três obras brasileiras para uma formação musical específica. Depois, identifique o capital artístico das obras, analisando os aspectos históricos e culturais relacionados. Por fim, elabore algumas ideias de como possibilitar o fluxo de capital artístico no contexto de uma turnê pela Europa.

2. Busque três obras de alguma cultura estrangeira pela qual você tenha afinidade. Em seguida, identifique o capital artístico de tais obras, analisando os aspectos históricos e culturais relacionados. Por fim, desenvolva algumas ideias de como possibilitar o fluxo de capital artístico em uma apresentação na cidade em que você reside.

Atividade aplicada: prática

1. Na agenda cultural da cidade em que você vive, procure por algum evento musical no qual seja interessante analisar os aspectos da fruição da arte, da interpretação musical e do fluxo de capital artístico. Participe como público do evento e avalie o nível de sucesso da proposta em relação aos tópicos abordados neste capítulo. Registre suas considerações em um breve fichamento.

Capítulo 4
REGÊNCIA CORAL

Entre as possibilidades musicais que a regência propõe, encontra-se a regência coral. Historicamente, essa atividade tem sido muito apreciada, junto de seu amplo repertório. Atualmente, no Brasil, a regência coral também é valorizada e difundida, contando com grupos vocais nos mais diversos contextos, tais como em coros profissionais, peças teatrais, cerimônias religiosas, projetos sociais, em musicalização para crianças e até mesmo em empresas. Cada um tem suas particularidades e exigências.

A melhor forma de entender a dinâmica de um coro é participando de um. Seja como parte vocal ou como instrumentista acompanhador, as experiências, na maioria das ocasiões, são muito gratificantes. Contudo, há também experiências não tão boas, ou seja, que não se enquadrem na estatística de sucesso ou, ainda, que não tenham apresentado determinado aspecto importante. Sob essa ótica, prezando por uma experiência coral plena, comentaremos neste capítulo os elementos mais relevantes para a regência nessa modalidade.

4.1 Organização de um coro

Ao começar a trabalhar com regência coral, há dois cenários com os quais o regente pode se deparar. O primeiro deles diz respeito a quando esse regente acumula a função de fundador do grupo e precisa erigir a sua estrutura a partir do zero. O segundo cenário se refere a quando se é contratado em um grupo que já guarda uma trajetória. Considerando os dois contextos, exploraremos formas de trabalho que podem ajudar a organizar e estabelecer um fluxo de trabalho para o grupo. No primeiro caso, para saber por onde começar, e no segundo, para observar a possibilidade de ajustar algumas dinâmicas e funções que poderiam ser mais bem exploradas.

Um grupo coral consiste em uma junção de vozes diversas organizadas musicalmente. A depender do perfil do grupo, isso pode tomar vários caminhos, mas a organização primária para construir a textura sonora é a classificação de seus membros segundo a extensão vocal. Mesmo em propostas nas quais se priorize o canto em uníssono, saber a extensão vocal do grupo, e individualmente, ajuda a prever estratégias apropriadas para passagens melódicas que em certos momentos saiam da região confortável média da voz. Vozes agudas poderão sustentar passagens que as vozes graves não consigam executar saudavelmente. Outrossim, vozes mais graves sustentarão melhor passagens graves, em que as vozes agudas geralmente perdem projeção. Por sua vez, em propostas corais que façam abertura de linhas melódicas, a classificação vocal por extensão é decisiva.

Na Figura 4.1, a seguir, observe uma classificação vocal por extensão de até sete subgrupos.

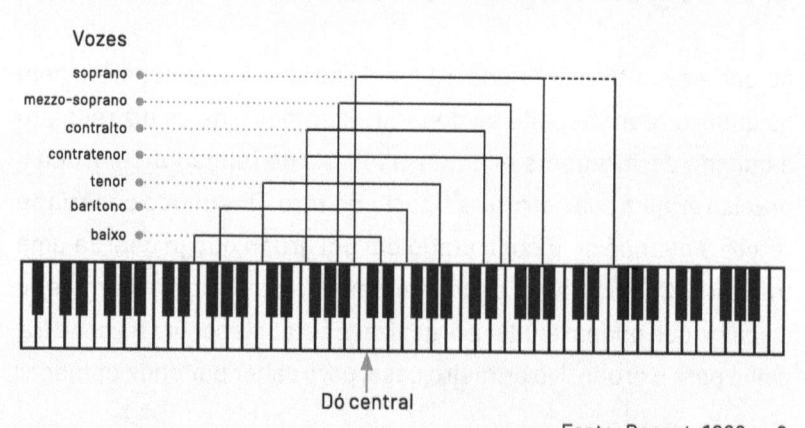

Figura 4.1 - Classificação por extensão vocal

Fonte: Bennet, 1990, p. 6.

O repertório coral geralmente é formatado para quatro partes vocais: soprano, contralto, tenor e baixo. Essa disposição permite construir tríades e conduções de baixo repetindo uma nota em alguma das vozes, ou até tétrades com suas respectivas inversões. Os compositores têm plena liberdade para não seguir esse padrão bastante popularizado, reorganizando as vozes segundo a necessidade. Além da classificação das extensões vocais, deve-se considerar o impacto tímbrico próprio de cada pessoa, o que deve ser aproveitado da melhor maneira possível. A voz humana média consegue cantar em torno de uma oitava e meia de extensão, sendo que os graves são mais escuros e com pouca projeção, e os agudos têm maior brilho e projeção. Algumas pessoas conseguem cantar confortavelmente em mais de uma classificação vocal, a depender do repertório. Conforme convenha, pode-se redirecionar tais pessoas dentro do coro para fazer um balanceamento sonoro das linhas.

Levando em conta o perfil e os objetivos do grupo vocal, é usual que o regente seja o único profissional contratado à frente dos trabalhos. À medida que o projeto vai ganhando uma dinâmica mais profissional, outros especialistas podem ser contratados para auxiliar e complementar o trabalho do regente.

O primeiro deles é o **correpetidor**. Esse instrumentista de teclas é o encarregado de acompanhar harmonicamente o coro e tocar as linhas melódicas de cada voz quando necessário, tanto em ensaios quanto em apresentações. A não ser que o repertório seja estritamente *a cappella*, sem a presença do **correpetidor**, o regente precisará apelar à antiga prática dos instrumentistas-diretores que mencionamos no Capítulo 1, conciliando de alguma forma sua capacidade gestual com a função de instrumentista. Diante disso, é recomendado, ao menos, contar com instrumentistas acompanhadores para as apresentações.

Outro profissional que auxilia o regente na qualidade da emissão sonora é o **preparador vocal**. Como explicaremos na sequência, o regente precisa conhecer o aparelho fonador humano para extrair dos cantores a interpretação musical desejada, mas não é necessário que ele seja um especialista na área. Conforme o repertório for demandando maiores exigências, o regente confiará ao preparador vocal as tarefas de timbragem de naipes, exercícios vocais específicos, orientação sobre saúde vocal, preparação de solistas, entre outras. Portanto, é preciso que o regente confie em seu preparador vocal, trabalhe em parceria com ele e não dê contraordens durante os ensaios.

Para cuidar das questões fisiológicas do canto, é adequado que ambos, regente e preparador, sejam auxiliados por outro profissional, o **fonoaudiólogo**. Este não precisa ser acionado apenas quando surge algum problema ou lesão vocal; é importante que já esteja presente desde o início do planejamento, exercendo uma assessoria preventiva.

Também é salutar que o regente conte com **líderes de naipe**. Essas pessoas, uma para cada naipe, são a referência interpretativa imediata logo depois do regente. Tais cantores podem auxiliar assumindo a liderança de ensaios específicos de cada naipe, segundo as decisões interpretativas estabelecidas previamente. Os líderes de naipe também são de grande ajuda em coros amadores, para garantir a sustentação das linhas melódicas que por vezes possam ser perdidas pelos cantores aprendizes.

Outras pessoas com tarefas diversas podem ser incorporadas no fluxo de trabalho de um coro, mas as mencionadas anteriormente cobrem satisfatoriamente as principais demandas. Assim, esse grupo de trabalho deve participar ativamente do planejamento das temporadas musicais sob a liderança do regente, estabelecendo uma regularidade de ensaios, os horários e o número de apresentações que farão parte da agenda.

Por fim, é preciso prestar atenção aos espaços de ensaios e apresentações e suas facilidades. O coro, por exemplo, pode ser posicionado de muitas maneiras. Para isso, é importante dispor de espaços que permitam a redistribuição do mobiliário. Mesmo que o regente e os cantores fiquem em pé para uma adequada execução musical, é necessário que o espaço disponha de cadeiras adequadas e suficientes para os momentos de intercâmbio de ideias, ou para que os músicos possam simplesmente se sentar enquanto outro naipe trabalha um trecho específico, por exemplo. A disposição entre o regente e os cantores deve permitir a visão mútua, o que inclui o gesto sendo executado em uma altura confortável, a fim de preservar a saúde e de evitar o tensionamento excessivo nos ombros por conta de movimentos muito elevados.

Essa disposição pode ser conseguida recorrendo-se a um palete para elevar a altura do regente, como demonstrado na Figura 4.2.

Figura 4.2 – Posicionamento do regente com palete

Outra opção é contar com praticáveis para posicionar o coro em degraus ascendentes. Essa disposição, ilustrada na Figura 4.3, além de possibilitar uma boa visão dos gestos da regência, melhora a emissão das vozes. Em contraste com a disposição apenas com o palete, e desconsiderando o fato de os cantores terem estaturas diferentes, é possível organizar as vozes em filas, sem que as posteriores sejam abafadas pelas vozes posicionadas à frente.

Figura 4.3 – Posicionamento do coro com praticáveis

Will Amaro

Como mencionamos no Capítulo 1, há uma relação entre as características do espaço em que se realiza a atividade da regência e a preservação da saúde do regente. Isso também se aplica à saúde dos cantores, principalmente no que atina à qualidade e à circulação do ar. A respeito das condições acústicas, uma sala muito seca, além de demandar maior esforço na emissão vocal para um resultado sonoro satisfatório, dificulta a afinação coletiva do grupo. Já um espaço muito reverberante causa desconforto, cansaço auditivo, imprecisão rítmica e incompreensibilidade de indicações feitas verbalmente.

4.2 Introdução à fisiologia vocal

Culturalmente, é comum nos referirmos aos cantores distinguindo-os dos instrumentistas, como se aqueles não utilizassem também um instrumento. Talvez, a principal diferença entre os dois grupos seja o fato de que os instrumentistas podem trocar de instrumento no momento em que quiserem, seja por tempo de uso ou porque buscam certa qualidade ou outro timbre. Isso é possível porque os principais mecanismos para a produção sonora se encontram fora do corpo da pessoa. Obviamente, isso não é facultado aos cantores; afinal, o instrumento que utilizam é produzido em seus corpos. Por essa razão, os cantores são obrigados a redobrar os cuidados com esse único dispositivo sonoro de que dispõem. Danos no aparelho fonador podem gerar consequências severas para a prática vocal e a saúde das pessoas. Por isso, esse cuidado deve ser levado a sério, e tal responsabilidade cabe tanto aos cantores quanto ao regente e a sua equipe.

Considerando a parte interpretativa, conhecer a fisiologia vocal permite ao regente fornecer indicações assertivas para atingir o objetivo sonoro. Por óbvio não se trata de ser um especialista; mas é altamente recomendável saber as estruturas envolvidas em uma ou outra característica musical. A seguir, descreveremos as estruturas do aparelho fonador e seus efeitos na *performance* vocal, reconhecendo a divisão em três subsistemas: respiratório, fonatório e articulatório.

Quanto ao **sistema respiratório**, que reúne os elementos que tornam possível a respiração, salientamos o impacto do conjunto de músculos que controlam a inspiração e a expiração nas questões de dinâmica sonora e de controle da coluna de ar que afeta as outras etapas. Na respiração cotidiana, que é automática, a inspiração não envolve muita atividade muscular, e a expiração é essencialmente passiva. É muito diferente da respiração necessária para o canto, em que inspiramos contraindo vários músculos do tronco, intercostais externos e o diafragma, e expiramos contraindo músculos abdominais e intercostais internos enquanto relaxamos o diafragma. A Figura 4.4, a seguir, ilustra esse processo.

Figura 4.4 – Musculação dos movimentos de inspiração e expiração

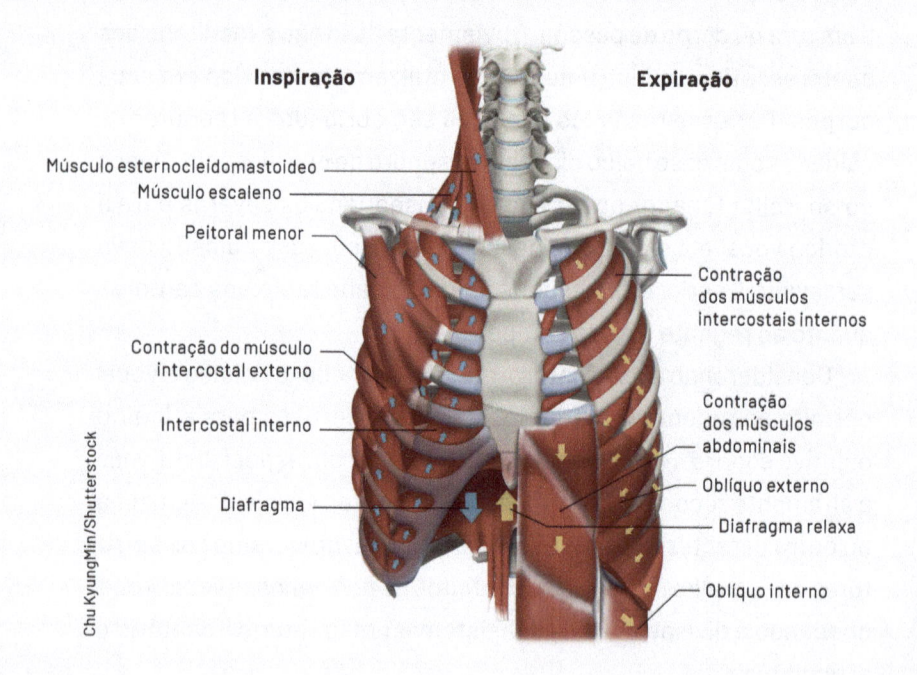

É conveniente que os cantores dos grupos vocais mantenham uma rotina de exercícios costodiafragmáticos, para obter tônus muscular adequado, e treinamentos vocais, a fim de que consigam utilizar os músculos convenientemente de acordo com as exigências de cada repertório. Interpretativamente, isso permite aumentar a pressão sonora do grupo para contextos de fortíssimos, melhorar o controle de *staccatos* e coloraturas, construir frases longas e sustentadas sem respirações no meio, entre outras vantagens.

No **sistema fonatório**, na laringe, ficam as pregas vocais, por vezes também chamadas coloquialmente de *cordas vocais*, que atuam na produção vibratória. Elas podem ser comparadas às palhetas duplas utilizadas em um oboé ou em um fagote. Na Figura 4.5, observe um desenho das pregas vocais e da estrutura que as sustenta.

Figura 4.5 – Abdução e adução das pregas vocais

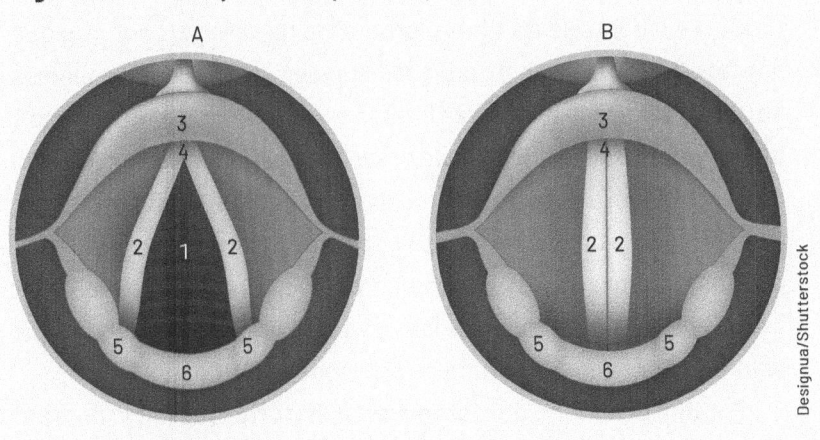

Legenda: A: pregas vocais em posição de repouso (abdução); B: pregas vocais durante atividade (adução). 1) glote; 2) pregas vocais; 3) epiglote; 4) comissura anterior; 5) cartilagens aritenoides; 6) comissura posterior.

Fonte: Fucci-Amato, 2017, p. 61.

Há, pois, dois movimentos principais: abdução e adução. No primeiro, as pregas vocais estão relaxadas e possibilitam a passagem de ar sem nenhuma resistência e sem emitir vibração. Já no segundo, as pregas se juntam, colocando certa resistência à passagem de ar, o que as faz vibrar. É nessa posição que os conjuntos musculares da laringe interna modificam as condições das pregas para emitir sons de alturas diferentes. De acordo com Fucci-Amato (2017, p. 61): "Quando produzimos sons de frequência elevada (agudos) alongamos as pregas vocais, e a diminuição das frequências (sons mais graves) as torna aparentemente mais grossas".

Um fator que pode atrapalhar a livre vibração das pregas vocais consiste no grau de viscosidade do muco do qual elas estão naturalmente cobertas. Uma das formas de controlar a viscosidade nas pregas vocais é a hidratação. Outra maneira é restringir, antes da prática vocal, a ingestão de certos alimentos que contribuem para a densificação do muco, como chocolate, leite e derivados.

Sobre o controle do timbre produzido na laringe, cantores que não fazem um treinamento adequado tendem a ter alguns problemas ao utilizarem as musculaturas interna e externa dessa região. Isso é mais perceptível na emissão de notas agudas. Os cantores que não desenvolveram a consciência muscular da laringe frequentemente elevam a altura desta nas notas agudas, gerando um som apertado ou preso. Com o objetivo de melhorar isso, é recomendável fazer exercícios de estabilização de laringe, os quais podem ser sugeridos pelo treinador vocal do grupo ou pelo fonoaudiólogo.

Por fim, a respeito do **sistema articulatório**, que inicia no trato vocal e se expande até a cabeça, citamos o domínio dos pontos de articulação das consoantes ao cantar textos verbais. O modo de utilizar esses pontos de articulação acarreta muda conforme o idioma a ser interpretado. Por exemplo, para o português, há oito pontos, listados no Quadro 4.1:

Quadro 4.1 – Pontos de articulação na língua portuguesa no Brasil

Bilabial	O lábio inferior se move em direção ao lábio superior.
Labiodental	O lábio inferior se move em direção aos dentes superiores.
Dental	A ponta/lâmina da língua se move em direção aos dentes superiores.
Alveolar	A ponta/lâmina da língua se move em direção aos alvéolos.
Alveopalatal	A parte anterior da língua se move na direção entre os alvéolos e o palato duro.
Palatal	A parte central da língua se move em direção ao palato duro.
Velar	A parte posterior da língua se move na direção ao véu palatino.
Glotal	As pregas vogais se movem entre si, funcionando como articuladores ativo e passivo.

Fonte: Elaborado com base em Fonética e Fonologia, 2022.

Mesmo dentro do território brasileiro, há variações linguísticas que modificam os pontos de articulação de uma mesma palavra. Assim, ao buscar uma unidade interpretativa, é preciso definir qual sotaque será adotado para determinada obra. Será o sotaque nordestino ou o carioca? Ou, talvez, o sotaque catarinense?

Nossa intenção aqui era apenas explorar alguns aspectos para compreender melhor o impacto da fisiologia vocal nas atividades interpretativas do grupo vocal e de seu regente. Nos contextos corais no Brasil, embora tenhamos definido para um cenário ideal uma equipe de trabalho necessária para trabalhar com o coro, não é raro que o único profissional contratado para cumprir com todas as demandas seja o regente. Assim, sem pretender tomar o lugar dos outros profissionais, o regente terá que suprir medianamente bem as diversas necessidades dos cantores, até que o projeto coral com o qual trabalha tenha as condições para contar com os demais profissionais. Essa realidade acontece principalmente com coros amadores, religiosos ou de projetos sociais, justamente nos espaços nos quais existe maior desconhecimento do estudo da voz.

4.3 Tipos de coro e possibilidades de distribuição

Nos grupos vocais, a questão tipológica não corresponde a uma ciência exata, mas pretende providenciar esquemas de organização humana e sonora que permitam articular a diversidade que foi sendo construída ao longo do tempo. Em vez de entendermos os tipos de grupos vocais e formatos corais como caixinhas fechadas, devemos enxergá-los como associações técnicas e culturais entre as pessoas que fazem parte do grupo, o capital artístico e seu público.

Nesse sentido, uma primeira classificação diz respeito à diferenciação entre grupos amadores e profissionais.

No contexto brasileiro, os **grupos amadores** são formados por pessoas que partilham o gosto pela prática vocal coletiva em diferentes níveis, mas que nem sempre contam com as mesmas ferramentas de técnica vocal, percepção e leitura musical. Tais espaços são oportunidades privilegiadas de musicalização para pessoas de diversas idades, condições sociais e formações, em que o regente exerce acentuadamente o papel de professor – como ocorria nos grupos vocais europeus da Idade Média.

Por sua vez, os **coros profissionais** pressupõem um nível mais homogêneo de instrução musical e de habilidades vocais, o que possibilita a apropriação de repertórios de complexidade e exigência relativamente maiores, atingindo uma *performance* musical satisfatória.

Não é necessário haver limites estritos na classificação de grupos como amadores ou profissionais, mas sim uma gradatividade contínua entre eles. Os dois espaços se complementam, pois muitos dos cantores profissionais se desenvolveram e ganharam experiência com a participação em coros amadores. Além disso, a prática coral amadora fomenta a formação de plateias, instruindo pessoas dos mais variados perfis sociais para a decodificação de um capital artístico específico ou distante do meio cultural em que vivem.

Outra forma de classificação se refere aos **tipos de vozes** que participam do coro. Nesse critério, uma das formas de diferenciação dos coros considera a **faixa etária** dos participantes: infantil, infantojuvenil, jovem, adulto etc. As *nuances* de cada proposta serão refletidas no repertório escolhido, na tessitura vocal, na quantidade de divisões vocais internas etc. Ainda, existe a opção de classificar um coro pelo **timbre vocal**: vozes iguais, vozes mistas ou vozes infantis. A classificação de vozes iguais ou mistas corresponde ao timbre que reconhecemos culturalmente como masculino ou feminino, e a de vozes infantis faz referência ao timbre leve característico das crianças – que por vezes é chamado de *voz branca*. Esse modo de classificar também se manifesta na tessitura vocal disponível para a execução das peças.

Uma terceira forma de classificação considera como critério os **gêneros musicais e históricos** dos quais os coros se apropriam.

Na tradição europeia, há: (i) o madrigal, que corresponde a grupos reduzidos de até 24 cantores e executa seu repertório tradicionalmente *a cappella* e com um timbre leve; (ii) o coro de câmera, formação cujo número de cantores pode chegar a 40 e que, em geral, executa as peças com acompanhamento instrumental; (iii) o coral sinfônico, cuja nomenclatura faz referência à massa vocal necessária para equiparar a pressão sonora de uma orquestra sinfônica, o que demanda um grande número de participantes; e (iv) o coro lírico, cujos traços distintivos são a expressão corporal e o figurino usado nas apresentações (Martinez, 2000).

Expandindo o olhar para além dos limites da tradição europeia, podemos mencionar dois exemplos: o *barbershop*, que consiste em um quarteto de vozes masculinas cantando peças *a cappella*; e o *gospel choir*, grupo vocal de timbre bastante aberto e ressonância principalmente de peito, tradicionalmente composto de vozes de cantoras e cantores negros entoando um repertório cristão afro-americano.

Todas essas tipologias de coro podem ser organizadas internamente em divisões de naipes bastante variadas segundo o repertório escolhido. Essas organizações internas podem tomar algumas configurações de distribuição espacial convenientes com o tecido vocal que as obras apresentem ou com a proposta estética e as circunstâncias da execução.

Um primeiro cenário de distribuição espacial das vozes pode se dar de forma circular fechada ou aberta, para momentos de ensaio e sem público, como demonstrado na Figura 4.6 (as letras representam os naipes). No caso de um **círculo fechado**, o regente se situa na parte interna da circunferência, experimentando o som distribuído em 360°. Já na disposição de **círculo aberto**, ele fica posicionado na abertura da circunferência, de modo a manter contato visual com os cantores e resguardar um ângulo de distribuição sonora abrangente. Essas experiências de espacialização são bastante apropriadas para treinos vocais, para obter uma melhor percepção dos intervalos harmônicos entre as vozes da parte dos cantores ou, simplesmente, para momentos de intimidade musical do grupo.

Figura 4.6 – Possibilidades de posicionamento sem público

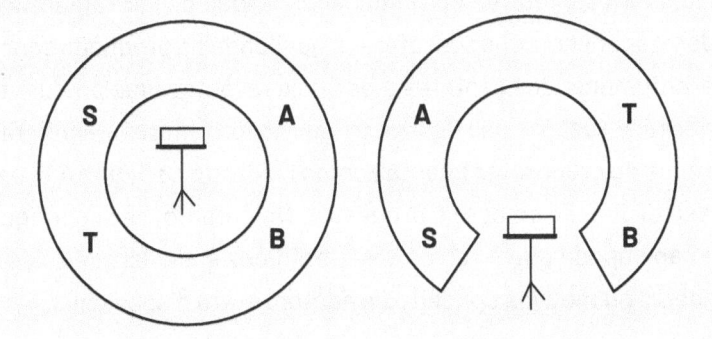

Fonte: Zander, 2003, p. 182.

Para execuções com público, sugere-se a formação em um círculo aberto em meia-lua, a fim de ganhar uma projeção sonora em direção ao público, como ilustrado na Figura 4.7. A organização dos naipes, como se vê na imagem, pode ocorrer de diversas formas, seja para valorizar elementos específicos ou relacionais presentes no tecido da composição.

Figura 4.7 – Possibilidades de posicionamento com público

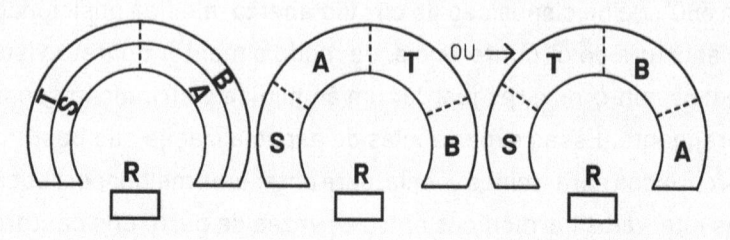

Fonte: Zander, 2003, p. 184.

Quando o coro atua junto de instrumentistas, o mais usual é posicionar os cantores no fundo. Isso porque os instrumentistas podem tocar sentados sem afetar a qualidade da produção sonora, diferentemente dos cantores, aos quais favorece uma postura em pé para a emissão vocal. Nessa configuração, a emissão é projetada por cima do grupo instrumental, como ilustrado na Figura 4.8, para o caso de junção de coro e orquestra. No entanto, essa configuração não impede que arranjos arquitetônicos especiais de salas de concerto ou motivos conceituais adotem outra disposição.

Figura 4.8 – Possibilidade de posicionamento com orquestra

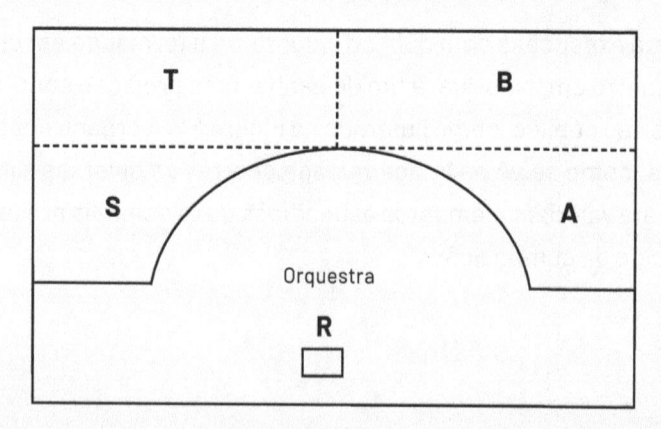

Fonte: Zander, 2003, p. 192.

Existem outras disposições diferentes das recém-apresentadas. Há propostas de espacialização sonora nas quais se deseja que os cantores se movimentem no espaço do palco e, até mesmo, próximo ao público. Assim, cabe ao regente definir a melhor solução espacial segundo as oportunidades interpretativas que cada obra e espaço proporcionam.

4.4 Elementos do ensaio coral

Depois de seguir os passos da preparação para uma interpretação musical, como descrito no Capítulo 3, o regente já deve dispor do material necessário para conduzir o ensaio, tendo considerado certas estratégias para trechos que possam apresentar dificuldades para o grupo e para a regência. Diante disso, a seguir, exporemos de forma abrangente alguns elementos do ensaio coral – lembrando que cada peça demanda uma abordagem específica.

A esse respeito, surge uma primeira questão. O grupo vocal a ser regido tem fluidez na leitura musical ou a partitura é uma ajuda referencial que apenas sugere elementos globais? A fluência na leitura musical não é um denominador comum dos grupos vocais no Brasil, mesmo em alguns grupos profissionais. Logo, o regente deve sempre incentivar, da melhor maneira possível, o aprimoramento da leitura musical. Não obstante, em paralelo, o repertório do grupo e a agenda de apresentações devem ser cumpridos com os meios disponíveis. Nesse sentido, a produção e a distribuição de gravações com as linhas vocais separadas podem subsidiar muito bem o estudo da partitura dos cantores que ainda não apresentem fluidez na leitura. Tais gravações precisam ser enviadas com antecedência, junto com a partitura, para que sejam estudadas e memorizadas antes do ensaio.

Assim, ganha-se em produtividade, e o tempo pode ser investido em aspectos relativos à interpretação musical.

No trabalho com os cantores cuja leitura musical é fluida, também é recomendável disponibilizar as partituras com antecedência, mas sem a necessidade de gravar áudios. Assim, aumentam-se as chances de eles chegarem preparados para a leitura coletiva da obra, o que pode ser feito, em um primeiro momento, solfejando as notas e, depois, cantando com o respectivo texto. Uma opção que economiza tempo é contar com os líderes de naipe para o processo de revisão de linhas individuais, com os naipes em salas separadas.

Antes de iniciar os trabalhos de emissão vocal, é importante preparar o corpo fazendo alongamentos para a musculatura dos três sistemas do aparelho fonador. Depois, também é apropriado realizar alguns exercícios de respiração para ativar o tônus muscular envolvido no canto.

Assumindo um conhecimento prévio das capacidades técnicas do grupo vocal, o regente tem de avaliar se a obra pode ser executada no tom original ou se será necessário modificar a altura global para se chegar a uma tessitura mais apropriada. Com essa definição, o aquecimento vocal deve explorar os extremos vocais de cada naipe em uma ou duas notas a mais do que a peça requer, a fim de garantir a execução confortável das notas.

Todos esses passos anteriores ao trabalho de interpretação musical podem ficar a cargo do treinador vocal, a quem cumpre adicionar sequências de exercícios próprios para o repertório a ser trabalhado, envolvendo articulação do som, ornamentos, coloraturas e outras especificidades[1]. Todas essas estratégias devem objetivar o alcance de uma timbragem adequada para cada naipe, o que significa deixar de escutar vozes individuais e começar a percebê-las como uma unidade vocal.

No momento do ensaio, convém iniciar com uma execução do começo ao fim da obra, para descobrir qual é a primeira concepção espontânea e sonora por parte do grupo. É possível que certos aspectos previstos como desafios não sejam um problema para o grupo, o que propiciará economia de tempo. No entanto, podem surgir situações não antecipadas. Independentemente disso, a primeira tarefa é captar auditivamente a compreensão musical que o grupo faz da obra. As observações registradas na memória ou anotadas rapidamente durante essa primeira execução podem ser trabalhadas por seções, logo na sequência, com a finalidade de "costurar" gradativamente os detalhes da *performance* desejada. Uma vez que todos os trechos marcados tenham sido corrigidos, a obra deve ser novamente executada do começo ao fim. Isso permite apreciar o resultado das intervenções. Esse modo de conduzir o ensaio é chamado por Joseph Labuta (2009) de *sínteses-análise-sínteses*. Tal processo deve ocorrer com cada obra que esteja programada para a jornada de ensaio.

Nem sempre o processo artístico de trazer à vida uma obra é um caminho de flores. Os ensaios, por vezes, podem ser extenuantes e

• • •
1   O estudo de Angelo José Fernandes sobre a construção da sonoridade coral, que também é mencionado na bibliografia comentada, apresenta diversos aspectos técnicos do treinamento vocal para serem levados em consideração, como: administração de respiração, ressonância vocal, dicção, registração vocal, timbre, vibrato, homogeneidade, equilíbrio, afinação e precisão rítmica. FERNANDES, A. J. **O regente coral e a construção da sonoridade coral**: uma metodologia de preparo vocal para coros. 479 f. Tese (Doutorado em Música) - Universidade Estadual de Campinas, Campinas, 2009. Disponível em: < https://www.repositorio.unicamp.br/acervo/detalhe/445387>. Acesso em: 18 nov. 2022.

estressantes pelos desafios que as obras apresentam, mas não se pode perder de vista a resiliência, a caridade coletiva e o amor pelo que se faz. Dessa forma, como encerramento do ensaio, é uma boa prática interpretar alguma peça conhecida do repertório do grupo, mesmo que não esteja no programa da próxima apresentação, apenas pela satisfação de executar a música.

Para ensaios e repertórios *a cappella*, é importante contar com algum instrumento musical, acústico ou digital, que sirva para prover ao menos uma nota, estabelecendo uma referência de altura objetiva. A utilização de um diapasão de afinação é bastante comum nesses casos, principalmente para apresentações, em virtude de que essa ferramenta é capaz de fornecer uma altura fixa de referência ao regente de forma discreta e inaudível para o público.

4.5 Particularidades do gestual para coro

Além da reflexão e dos padrões gestuais que expusemos no Capítulo 2, a regência coral apresenta certas particularidades. A primeira se refere à utilização dos movimentos da mão sem a batuta, que se justifica por dois motivos: tradição da prática e expressividade melódico-textual. A tradição da gestualidade da regência coral remete ao canto gregoriano e à técnica quironômica. Ademais, a gestualidade das mãos auxilia na interpretação e na expressividade do texto cantado, da mesma forma que um orador utiliza as mãos para transmitir emoção em sua mensagem. Ainda, podemos mencionar que os grupos corais, quando não atuam com orquestra ou com outros grupos instrumentais numerosos, ficam bastante próximos a seu regente.

Nesse contexto, o uso da batuta é irrelevante, como analisaremos detalhadamente no próximo capítulo.

Outra particularidade diz respeito à expressão facial. Não estamos afirmando que na regência instrumental isso não contribui com a expressividade. Entretanto, na regência coral, esse elemento mantém uma relação estreita com a maneira de articular o som e seu resultado tímbrico. Desse modo, é desejado que o regente respire e articule as palavras com o grupo, mas sem emitir sons, apenas fazendo a gesticulação labial e facial, já que sua percepção auditiva deve estar totalmente dedicada ao resultado sonoro do grupo e não pode ser afetada por si. Essa prática ajuda na coesão da articulação da palavra cantada e na timbragem do grupo; além disso, favorece que sensações e emoções sejam veiculadas mais facilmente. A gesticulação silenciosa pode ser quebrada com o canto sonoro apenas nos casos em que, porventura, algum naipe perca sua linha melódica, instante no qual o regente pode auxiliar cantando, até que o naipe em questão consiga retomar a linha.

O contato visual constante é especialmente importante para os grupos vocais. Isso significa que os cantores precisam dividir sua atenção entre os elementos gestuais do corpo do regente e a leitura da partitura. Para isso, eles devem utilizar a visão periférica, que permite perceber movimentos ao redor de um ponto de fixação visual (que seria a partitura), bem como memorizar trechos específicos, a fim de afastarem completamente o olhar da partitura e de se manterem plenamente concentrados na interpretação coletiva. Embora a partitura possibilite a organização de estudos vocais e de ensaios, peças completamente memorizadas pelo grupo são de grande estima dentro do repertório, por conta da naturalidade e da expressividade com que será possível interpretá-las.

Síntese

Neste capítulo, explicamos que a prática vocal coletiva ocupa um espaço privilegiado no meio musical brasileiro. Por se tratar de uma atividade que frequentemente resulta da vivência comunitária e social, não há um modelo homogêneo para tal prática. De qualquer modo, fornecemos aqui algumas sugestões que podem ser de auxílio, de acordo com o perfil de cada grupo. A esse respeito, conhecimentos sobre fisiologia vocal são valiosos, principalmente nos grupos amadores, tanto pelo cuidado com a saúde vocal quanto em virtude dos aspectos interpretativos.

Ainda, mencionamos que o ensaio de grupos vocais conta basicamente com três etapas: aquecimento vocal, ensaio de repertório e encerramento. O aquecimento prepara corporalmente os cantores para a prática, e o encerramento valoriza a jornada e o trabalho coletivo de forma prazerosa.

Por fim, discutimos a importância do gestual para grupo vocal, que se trata de um conjunto de expressões corporais, principalmente com os braços e mãos, complementadas com as expressões faciais e a articulação do texto verbal, sem emissão sonora por parte do regente.

Atividades de autoavaliação

1. Indique se as afirmações a seguir são verdadeiras (V) ou falsas (F):
   ( ) O regente não precisa de outros profissionais envolvidos. Ele deve ser capaz de cobrir todas as necessidades de um grupo vocal.
   ( ) A função do instrumentista correpetidor pode ser exercida pelo regente, mas é preferível que ele não acumule essa

função, para utilizar livremente a gestualidade dos membros superiores na regência.

( ) Caso a estatura do regente permita a troca de olhares com o coro, os degraus de praticáveis são desnecessários, pois servem apenas para auxiliar na comunicação visual do grupo.

Agora, assinale a alternativa que corresponde corretamente à sequência obtida de cima para baixo:

a) V, V, V.
b) F, F, F.
c) F, V, F.
d) V, F, V.
e) F, V, V.

2. Assinale a alternativa que revela falta de conscientização acerca da importância da fisiologia vocal para o canto:
   a) Os cantores podem ser recepcionados nos locais antes das apresentações com chocolates e derivados do leite, para relaxar a garganta e descontrair.
   b) O cantor deve manter uma rotina de exercícios costodiafragmáticos diários para melhorar sua prática.
   c) Na emissão de notas agudas, é importante que o cantor desenvolva um bom controle muscular da laringe.
   d) A contratação de um fonoaudiólogo é importante para a educação vocal do coro e seus cuidados com a saúde.
   e) Um regente que tenha estudado o funcionamento do aparelho fonador conseguirá extrair uma boa sonoridade vocal do grupo mediante orientações assertivas nos ensaios.

3. Indique se as afirmações a seguir são verdadeiras (V) ou falsas (F):
   ( ) Os coros amadores proporcionam espaços de desenvolvimento para cantores que anseiem chegar a ser profissionais nessa área.
   ( ) As distribuições corais obedecem às oportunidades que a obra apresenta.
   ( ) A espacialização do material sonoro pode contemplar a movimentação dos cantores.

   Agora, assinale a alternativa que corresponde corretamente à sequência obtida de cima para baixo:

   a) V, V, F.
   b) F, V, V.
   c) V, F, V.
   d) V, V, V.
   e) F, F, F.

4. Assinale a alternativa que descreve alguma falta de cuidado sobre o ensaio coral:
   a) Antes de iniciar o canto, é apropriado alongar o corpo e fazer exercícios de respiração.
   b) Um treinador vocal pode propor dinâmicas de aquecimento diferenciadas e direcionadas para determinado repertório.
   c) Caso o grupo vocal não tenha leitura musical fluente, o envio das partes vocais gravadas é um bom subsídio para o estudo pessoal.

d) É interessante começar o ensaio da obra pelas partes mais difíceis que já foram identificadas no estudo da partitura.

e) O ensaio coral deve finalizar com uma obra conhecida e que seja prazerosa de interpretar para o grupo.

5. Indique se as afirmações a seguir são verdadeiras (V) ou falsas (F):

( ) A regência coral se caracteriza pela utilização de batuta.
( ) As expressões faciais atrapalham a comunicação gestual.
( ) A memorização das partes vocais é desnecessária quando se tem leitura musical.

Agora, assinale a alternativa que corresponde corretamente à sequência obtida de cima para baixo:

a) F, F, F.
b) F, F, V.
c) V, F, F.
d) F, V, F.
e) F, V, V.

Atividades de aprendizagem

Questões para reflexão

1. Procure um fonoaudiólogo e peça-lhe recomendações para a saúde vocal de um coro. Com essas informações, reflita sobre as práticas vocais que acontecem próximo a você. As recomendações estão sendo aplicadas? Se sim, como elas poderiam ser melhoradas?

2. Escolha três peças para coro com divisão de três ou mais vozes e pense nas possibilidades de distribuição dos cantores no espaço segundo a análise de cada obra.

Atividade aplicada: prática

1. Busque por algum coro que existe na localidade em que você reside, que seja de seu agrado e admiração, e participe como cantor. Se você já faz parte de um coro, ofereça sua colaboração como assistente de regência.

Capítulo 5
REGÊNCIA INSTRUMENTAL

A regência coral e a instrumental utilizam a mesma base gestual para sua prática. Não precisamos colocar um juízo de valorização maior ou menor entre essas duas modalidades; afinal, cada uma tem desdobramentos específicos. Por exemplo, se a regência coral exige um conhecimento de línguas e prosódia verbal, o diferencial da regência instrumental está na grande quantidade de especificações técnicas provenientes de cada família instrumental e do crescimento da grade musical. No conjunto da regência instrumental, contemplaremos noções e diretrizes gerais, aplicáveis a diversas formações, como banda marcial, *big band*, orquestra, entre outras.

5.1 Organização de um grupo instrumental

Vários aspectos da organização de grupos musicais já foram tratados no capítulo anterior, quando analisamos os grupos vocais – por exemplo: facilidade nos espaços de ensaio, qualidade do ar e condições acústicas apropriadas. Uma particularidade nos espaços para grupos instrumentais diz respeito a contar com estantes de partitura, o que evita que o instrumentista precise transportar a própria estante, além de conferir certa homogeneidade visual. Ademais, alguns instrumentos volumosos, delicados e/ou pesados, normalmente são propriedade do espaço ou do projeto musical e ficam acondicionados no lugar em que as atividades são realizadas, tais como piano, harpa, contrabaixos, bateria, tímpanos, bumbo etc.

Cada configuração instrumental pode apresentar caraterísticas específicas e necessidades diferentes. Normalmente, grupos com número reduzido de instrumentistas demandam menos esforços logísticos e organizacionais, ao passo que grupos numerosos, apresentarão maiores desafios. O modelo instrumental que reúne o maior número e diversidade de instrumentistas é a orquestra sinfônica. Então, abordaremos, a seguir, alguns perfis profissionais que auxiliam o regente na condução dessa configuração instrumental e que, de alguma forma, podem estar presentes também em outras formações.

A figura que aparece imediatamente depois do regente é a do *spalla*, o primeiro violino da orquestra. Isso também se deve a uma carga histórica, como mencionamos no Capítulo 1. A evolução da direção instrumental foi liderada tanto pelo primeiro violino quanto pelo instrumentista de teclado. Nas orquestras contemporâneas, a presença e a pertinência desse instrumentista foi mantida pelo tamanho e pela importância que o naipe de cordas tem nesse grupo instrumental. Assim, o *spalla* é compreendido como um sub-regente, que orienta o conjunto de cordas resolvendo suas questões técnicas, a exemplo de homogeneização das arcadas, coesão na interpretação de ornamentações, organização dos divises etc.

Em virtude da grande quantidade de demandas que surgem em uma orquestra, é apropriado que o regente conte com alguns assistentes de regência conforme as necessidades do grupo. Tais assistentes podem ajudar em todos os aspectos da regência, tanto os de caráter estritamente musicais quanto os relativos ao âmbito logístico e organizacional. Algumas de suas funções musicais são a elaboração de arranjos e a regência de ensaios do grupo todo ou por naipes. Logisticamente, o assistente pode auxiliar na verificação dos espaços em que acontecerão as apresentações e no planejamento/execução da divulgação dos concertos.

A produção, a organização e o manuseio de partituras podem representar um verdadeiro caos nas atividades de uma orquestra. Por isso, também é importante a figura do arquivista, encarregado de administrar todo o acervo de partituras e a distribuição das partes para os ensaios.

Tanto o cargo de assistente de regência quanto o de arquivista podem ser ocupados por regentes em formação, com a finalidade de conhecer de perto a dinâmica de trabalho das orquestras e iniciar na prática dessa modalidade de regência.

5.2 Introdução à orquestração

Assim como ocorre com a fisiologia vocal e sua importância para o coro, os grupos instrumentais precisam ser estudados para se explorar ao máximo suas possibilidades. A área de conhecimento que estuda tais especificidades é a orquestração, que tradicionalmente organiza os instrumentos em quatro famílias: cordas, madeiras, metais e percussão. Na Figura 5.1, observe os três primeiros naipes mencionados em relação à extensão de notas que seus instrumentos mais representativos apresentam.

Figura 5.1 – Extensão dos instrumentos da orquestra

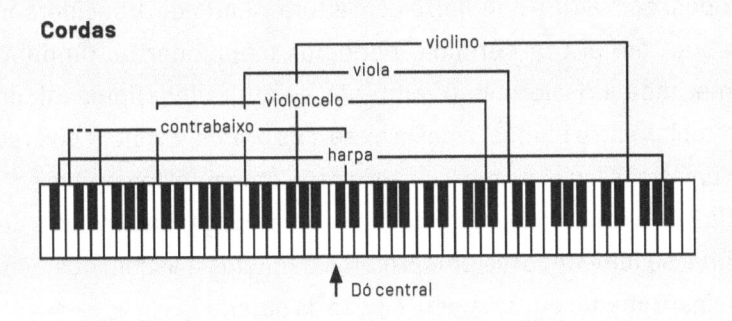

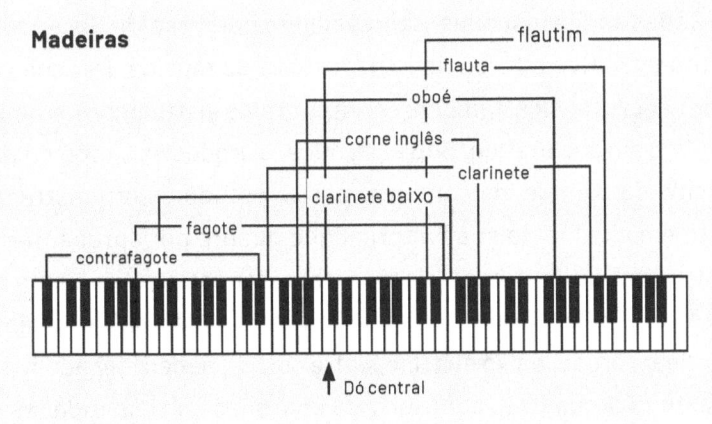

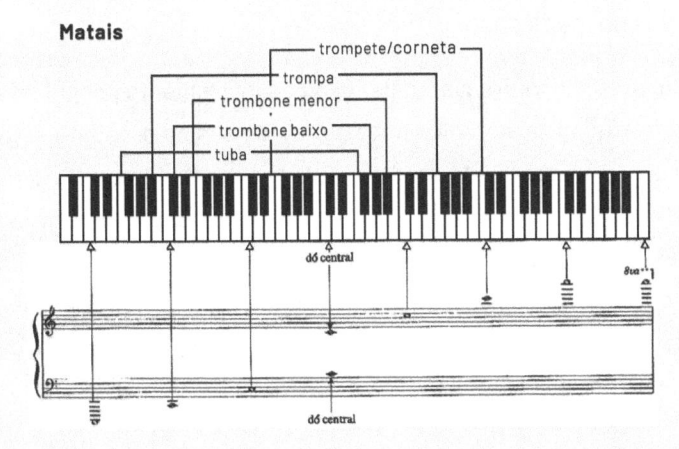

Cordas
- violino
- viola
- violoncelo
- contrabaixo
- harpa

↑ Dó central

Madeiras
- flautim
- flauta
- oboé
- corne inglês
- clarinete
- clarinete baixo
- fagote
- contrafagote

↑ Dó central

Matais
- trompete/corneta
- trompa
- trombone menor
- trombone baixo
- tuba

dó central

dó central

Fonte: Bennett, 1990, p. 6.

Por sua vez, o naipe de percussão se divide em dois grandes grupos: com altura definida e com altura indefinida. Considerando os que têm altura definida, podemos mencionar os tímpanos, a marimba e o xilofone. Quanto aos de altura indefinida, alguns exemplos são o bumbo, a caixa clara e os pratos. Existem diversos arranjos possíveis de percussão, e cada obra tem demandas específicas. Culturalmente, determinados arranjos ganharam certo destaque, solidificando-se em formatos definidos e assumidos como um instrumento em si – como o caso da bateria.

Cada família instrumental revela um percurso de desenvolvimento evolutivo diferenciado na história da música. Por sua vez, cada gênero musical também conta com uma instrumentação caraterística em sua prática. Sob essa ótica, a orquestra sinfônica tem servido de modelo instrumental para o estudo da orquestração, tanto em virtude de sua historicidade quanto por apresentar as quatro famílias instrumentais representadas satisfatoriamente em sua diversidade interna. Instrumentos como violão, guitarra, piano, acordeão, órgão, baixo elétrico, entre outros, podem ser acolhidos no estudo orquestral, contribuindo com suas particularidades de acordo com cada caso.

> Um exemplo interessante de fusão de instrumentos populares com orquestra sinfônica pode ser apreciado na proposta estética do concerto Sinfônica Pop, da Orquestra Sinfônica de Minas Gerais, com a cantora Elba Ramalho. A apresentação, gravada ao vivo, foi realizada no Grande Teatro do Palácio das Artes de Belo Horizonte, em Minas Gerais, em 2016. Vale a pena pesquisar essa apresentação na internet para apreciar a bela interação entre os elementos musicais.

A pertinência do estudo da orquestração para o regente recai na responsabilidade de reconhecer e administrar os elementos tímbricos a que o compositor recorreu para a composição, assim como de compreender a notação musical especifica utilizada para cada instrumento. Com a intenção de entender melhor essas particularidades, sem a pretensão de abordar todas as especificidades contempladas em um tratado de orquestração, analisaremos, na sequência, o comportamento de um dos instrumentos do naipe dos metais: a trompa.

O primeiro aspecto que chama a atenção em relação à trompa é o fato de ela ser um instrumento transpositor geralmente em Fá. Isso significa que, por conta de seu percurso histórico, da forma de construção e de suas aplicações práticas, a altura das notas escritas na partitura não são as reais, mas apresentam uma relação intervalar fixa com o som real desejado. No caso da trompa em Fá, a relação intervalar de transposição entre o som escrito e o som real é uma quinta abaixo. Com isso, a execução de uma nota Dó escrita resultará na produção sonora de uma nota Fá.

A Figura 5.2 mostra a extensão da trompa em Fá e sua relação de transposição.

Figura 5.2 – Relação de transposição da trompa em Fá

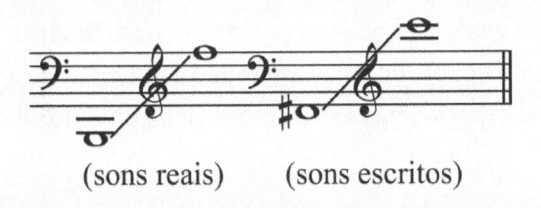

(sons reais)   (sons escritos)

Fonte: Bennett, 1985, p. 51.

Ainda considerando a trompa, outro fator importante a ser levado em conta é seu comportamento tímbrico ao longo de sua extensão. A depender da região, o timbre desse instrumento apresentaá características distintas, as quais podem, por vezes, estar relacionadas a afetos humanos diferenciados segundo cada cultura. Na Figura 5.3, a tessitura da trompa é dividida em quatro regiões, cada uma delas com a descrição de sua qualidade tímbrica:

Figura 5.3 – Caraterísticas de registro da trompa em Fá (som escrito)

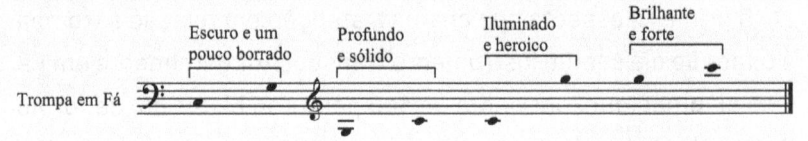

Trompa em Fá: Escuro e um pouco borrado | Profundo e sólido | Iluminado e heroico | Brilhante e forte

Fonte: Adler, 2002, p. 316.

Assim como a trompa, todo instrumento da orquestra também revela peculiaridades. Portanto, a rápida apresentação desse instrumento visa apenas ilustrar a complexidade de tal fato. Isso sem mencionar a diversidade de efeitos, a execução de ornamentos, as várias opções de notação e de técnicas estendidas que cada instrumento proporciona. Logo, para se aprofundar na prática da regência instrumental, é preciso estudar profundamente cada instrumento que compõe dado grupo musical. Embora esse estudo não tenha a pretensão de desenvolver capacidades para tocar todos os instrumentos de um grupo, é recomendável que o regente tenha, ao menos, uma experiência básica com um instrumento de cada naipe.

5.3 Formações instrumentais e possibilidades de distribuição

Dado o desenvolvimento histórico e cultural de cada prática musical coletiva, em conjunto com a inventividade dos compositores, algumas formações instrumentais tomaram configurações e proporções definidas. Por exemplo, a configuração da orquestra sinfônica típica de 1830, demonstrada na Figura 5.4, era muito maior e mais diversificada do que a orquestra clássica de 1800, indicada na Figura 5.5.

Figura 5.4 – Distribuição usual de uma orquestra em 1830

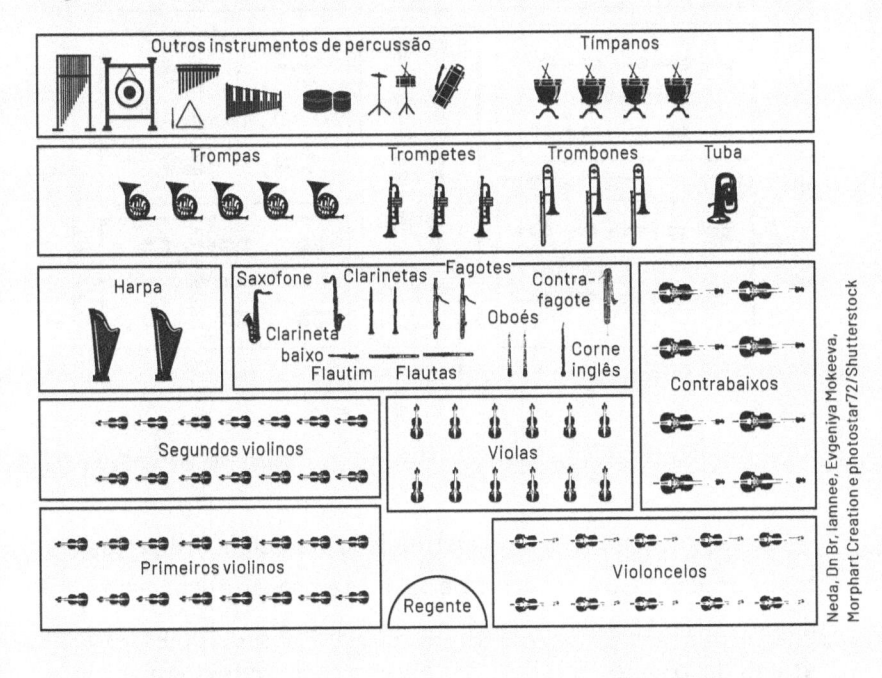

Fonte: Bennett, 1985, p. 73.

Figura 5.5 – Distribuição usual de uma orquestra clássica de 1800

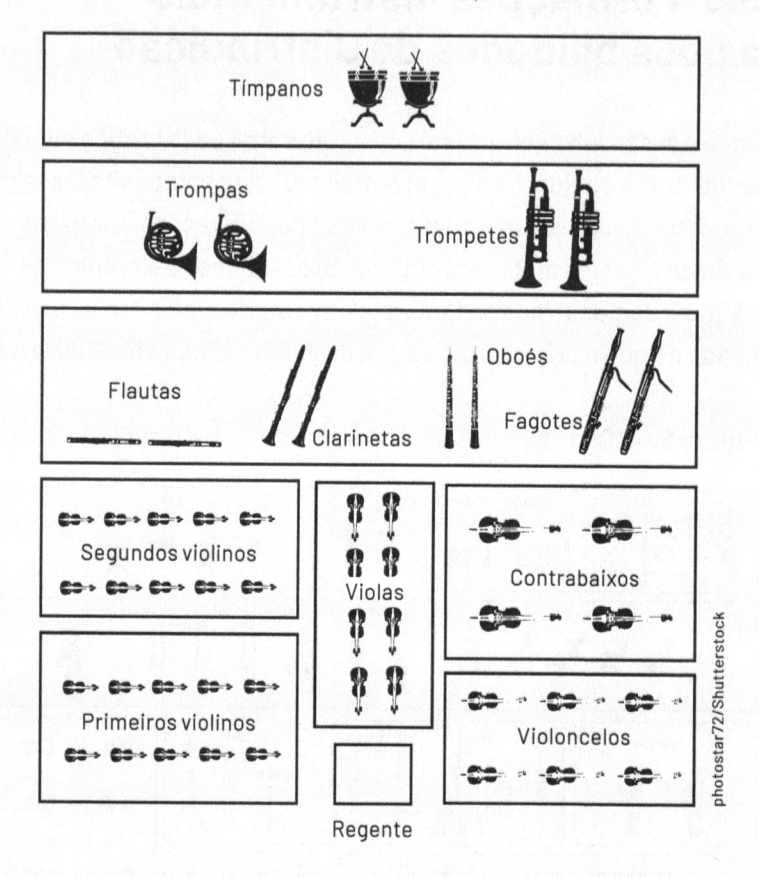

[Figura: Distribuição da orquestra, com Tímpanos ao fundo; Trompas e Trompetes; Flautas, Clarinetas, Oboés e Fagotes; Segundos violinos, Violas, Contrabaixos, Primeiros violinos, Violoncelos e Regente à frente.]

Fonte: Bennett, 1985, p. 73.

Essas imagens ilustram a distribuição mais comum dos musicistas na orquestra, o que impacta o balanceamento e a espacialização dos sons. Mas elas não representam as únicas possibilidades. Assim, ao estudar o material sonoro das obras e seus contextos históricos, é facultado ao regente aplicar a configuração mais adequada para a intenção interpretativa.

Com relação à prática instrumental brasileira, salientamos a utilização de duas grandes formações: a banda sinfônica e a orquestra sinfônica. A **banda sinfônica**, também denominada *banda de concerto*, geralmente conta apenas com os naipes de madeiras, metais e percussão, sem excluir a possibilidade de dispor de outros instrumentos, como o piano. No Quadro 5.1, consta uma configuração instrumental comum para esse grupo. A distribuição interna de uma banda de concerto é bastante variada, mas segue a lógica da orquestra sinfônica, com o naipe de percussão no fundo.

Quadro 5.1 – Configuração instrumental comum para banda sinfônica

Madeiras	Metais	Percussão
Piccolo (C)	Trompa (F) 2 a 4 vozes	Caixa
Flauta – 1 ou 2 vozes	Trompete (Bb) – 2 a 3 vozes	Prato
Oboé – 1 ou 2 vozes	Trombone – 2 a 3 vozes	Bumbo
Fagote – 1 ou 2 vozes	Trombone Baixo (eventualmente)	Tambor
Clarineta Eb (requinta)	Euphonium/Bombardino	Bells/xilofone
Clarineta Bb – 3 vozes	Tuba (tom de efeito)	Tímpanos
Clarineta Baixo Bb (clarone)	Contrabaixo (opcional)	Tamborim
Saxofone Alto Eb – 1 ou 2 vozes		Chocalho
Saxofone Tenor Bb		Pandeiro
Saxofone Barítono Eb		Triângulo

Fonte: Jardim, 2015, p. 3.

Entre os grupos instrumentais de tamanho médio, uma configuração tem ganhado bastante espaço no Brasil: o formato de *big band*. De origem norte-americana, uma *big band* é basicamente composta de saxofones, trompetes, trombones, piano, guitarra, baixo elétrico e bateria. Assim como nos casos anteriores, esse grupo instrumental também pode acolher outros instrumentos em contextos específicos. Na Figura 5.6, mostramos uma distribuição padrão dos músicos que integram conjuntos dessa natureza.

Figura 5.6 – Distribuição básica de uma *big band*

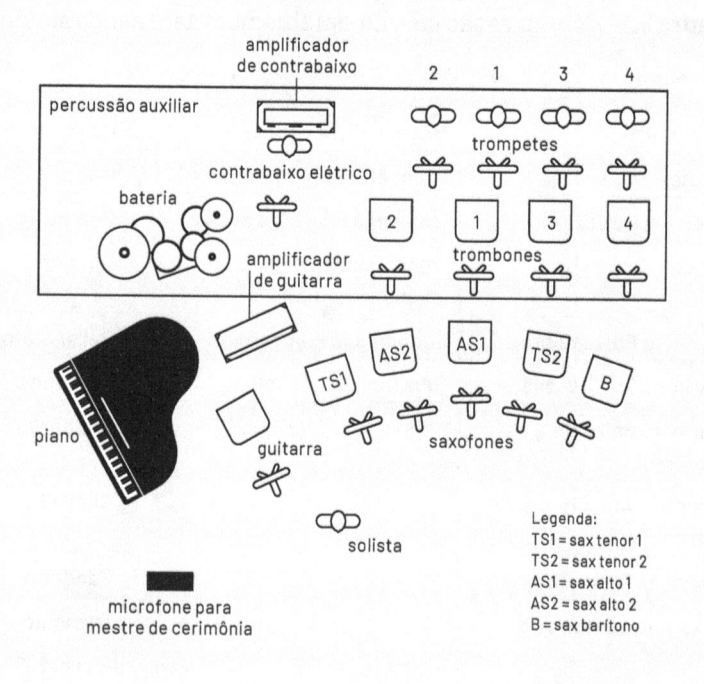

Legenda:
TS1 = sax tenor 1
TS2 = sax tenor 2
AS1 = sax alto 1
AS2 = sax alto 2
B = sax barítono

Fonte: MacDonald, 2022.

Quanto aos grupos instrumentais da cultura tradicional brasileira, citamos a orquestra de pífanos. Presente principalmente na

Região Nordeste, o pífano é um instrumento que, em sua origem, reúne influências das culturas indígena, europeia, africana e árabe (Labeet, 2022). Tal configuração também contempla instrumentos de percussão caraterísticos da região, como a zabumba e o triângulo. Em sua concepção original de poucos instrumentistas, a regência se faz desnecessária. Entretanto, existem exemplos de grupos numerosos que adotam as formas de trabalho orquestral, como é o caso da Orquestra de Pífanos de Caruaru, cuja regência é de Mozart Vieira.

> **Ampliando o repertório**
>
> ORQUESTRA de Pífanos de Caruaru e Maestro Mozart Vieira no País dos Arraiás. Disponível em: <https://youtu.be/6cSrW3DhD7Y>. Acesso em: 25 out. 2022.
>
> Nesta interpretação, embora acolhendo a prática de regência com batuta em mão, o Maestro Mozart Vieira mostra-se despreocupado com convenções europeias de comportamento e mais comprometido com a dinâmica do estilo musical que está sendo executado, até mesmo regendo o público, convidando-o a participar ativamente do canto.

5.4 Elementos do ensaio instrumental

O ensaio instrumental deve contar com vários elementos já mencionados no capítulo anterior, na seção sobre o coro. Tais elementos são: aquecimento, trabalho por naipes – quando oportuno –, método de sínteses-análise-sínteses e encerramento com uma obra de estima pelo grupo. No ambiente instrumental, o aquecimento varia conforme o instrumento. Normalmente, os instrumentistas já têm uma rotina própria proveniente de sua prática cotidiana e que pode ser aplicada individualmente.

No momento de planejar a temporada de ensaios, o regente tem de considerar quanto tempo será dedicado para as obras a serem executadas, ponderando a dificuldade que elas apresentam e as capacidades do grupo. Esse balanceamento entre as capacidades do grupo e as dificuldades das peças deve manter um tensionamento e representar um desafio constante, a fim de instigar a motivação e o crescimento no grupo de acordo com o estágio em que ele estiver. Assim, se estiver programada uma peça que ocupará uma boa parte do tempo de treino dos instrumentistas, dentro e fora do espaço de ensaio do grupo reunido, o regente tem de aliviar essa carga extra com a execução de peças mais simples (mas não por isso menos belas). É necessário maximizar a produtividade do tempo nos ensaios, com a devida preparação e assertividade na condução, evitando agendar ensaios adicionais em dias próximos aos das apresentações. A esse respeito, vale a pena retomar uma importante fala de Boulez (citado por Lago, 2008, p. 248):

> Ensaios em demasia não são bons. O importante é saber trabalhar rápido para que o interesse dos músicos possa se manter durante todo o tempo. E o pior é quando têm-se muitos ensaios e num dado momento o regente não sabe mais o que fazer. E o mais dramático é que os músicos percebem isso.

As intervenções verbais da regência durante o ensaio devem ser sucintas e efetivas. O vocabulário técnico de orquestração é de grande ajuda, mas também pode-se recorrer a metáforas e analogias para fazer referência a caraterísticas sonoras mais subjetivas, aproveitando o acervo simbólico-cultural do grupo. A isso se soma a habilidade de cantar com a própria voz as linhas instrumentais, demonstrando as *nuances* interpretativas desejadas para a obra. Em todos os momentos, a linguagem verbal deve ser respeitosa, positiva e edificante, mas sem beirar a bajulações.

Com relação à linguagem gestual, é preciso ter plena consciência de que a finalidade do ensaio é o resultado sonoro, e não apenas a execução de uma coreografia projetada para a obra, mas desconexa das necessidades em tempo real do aprimoramento musical. Muitas opções gestuais pensadas previamente para o ensaio podem acabar não funcionando como se esperava, e no mesmo momento é preciso procurar outras formas de expressão por gestos que assegurem melhores resultados com o grupo instrumental regido. A esse respeito, retomamos a importância das gravações em vídeo, conforme mencionamos no Capítulo 1, a fim de promover o exercício da autocrítica no lapso de tempo entre um ensaio e outro, mediante a observação do material de análise coletado.

5.5 Particularidades do gestual para grupos instrumentais

A regência instrumental não é uma expressão à parte da regência vocal. Aquela apenas se diferencia desta por dois motivos principais: a dimensão espacial que um grupo instrumental ocupa e a ausência do texto verbal que auxilia na musicalidade quanto à organização melódica e rítmica.

A começar pela ausência da linguagem verbal, a prosódia inerente à verbalização das palavras facilita alguns processos de compreensão musical, os quais deixam de estar presentes na expressão instrumental. Em razão disso, a regência desta modalidade deve garantir que a comunicação ocorra satisfatoriamente apenas com a gestualidade. Sobre a espacialidade, o espaço que um instrumentista ocupa, com estante de partitura, cadeira e instrumento, é muito maior do que o ocupado por um cantor posicionado em pé e segurando sua própria partitura. O resultado é que alguns instrumentistas, inevitavelmente, ficam bastante afastados espacialmente do regente, perdendo a visibilidade de alguns gestos mais sutis. É por esse motivo que surgiu o instrumento do maestro: a batuta.

A **batuta** é uma especificidade da regência instrumental, por conta dos motivos já elencados: "não é indispensável, mas serve para tornar mais visíveis e claros os movimentos do regente, devendo integrar-se a ele como se fosse um só corpo"(Munch, citado por Lago, 2008, p. 201). Se o grupo instrumental não é de grandes proporções, a batuta não é um requisito. Essa ferramenta somente amplifica a gestualidade e a técnica existente no braço do regente como extensão dele mesmo. Em nenhum caso ela melhora a técnica gestual. Pelo contrário, possíveis problemas gestuais de um regente serão, da mesma forma, amplificados, piorando a comunicação. Algumas pessoas podem associar a batuta a um símbolo de poder, mas ela não é "nem centro, nem chicote, ela lembra a varinha do feiticeiro e do pesquisador"(Goldbeck, citado por Lago, 2008, p. 202). *Feiticeiro* talvez pela habilidade de encantar e de aproximar à roda, e *pesquisador* pela quantidade de conhecimentos interdisciplinares necessários para uma interpretação artística, como comentamos especialmente nos capítulos 1 e 3.

Há uma grande variedade de formas e tamanhos de batuta. Para escolher a ideal, é preciso analisar dois pontos importantes: o comprimento e o balanceamento. O comprimento diz respeito ao grau de amplificação necessária. Uma pessoa de estatura baixa e braços curtos precisará de uma batuta comprida, que amplifique suficientemente sua regência, ao passo que uma pessoa alta com braços compridos necessitará de uma batuta mais curta, para que os gestos não fiquem exagerados.

Por sua vez, o balanceamento se refere à possibilidade de colocar o ponto de gravidade da batuta exatamente no começo livre da vara ao ser empunhada. Ao identificar o ponto de gravidade da batuta sobre o dedo indicador (como aparece na Figura 5.7) e logo a empunhar conseguindo encaixá-la bem na parte côncava da mão, o regente terá achado uma batuta adequada. Os formatos diferentes da empunhadura da batuta servem justamente para atender aos diferentes formatos de mãos que existem.

Figura 5.7 – Balanceamento da batuta em relação à mão

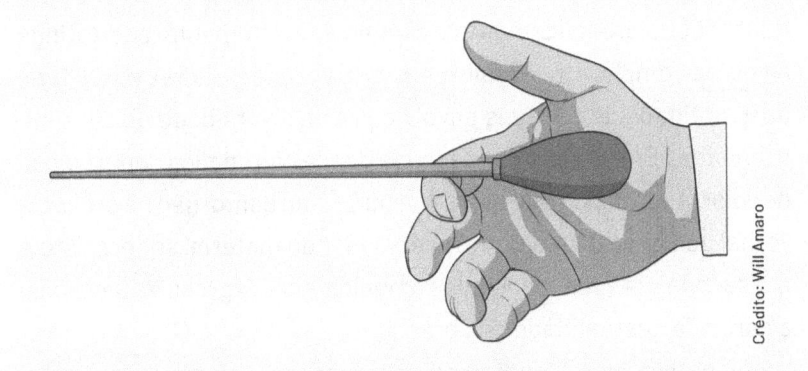

Crédito: Will Amaro

Um último elemento da gestualidade para grupos instrumentais consiste no direcionamento dos gestos. Isso não significa que na modalidade coral não seja interessante contar com alguns gestos direcionados especificamente para algum naipe ou solista. A direcionalidade ganha relevo na regência instrumental especialmente em virtude do espaçamento que existe entre os músicos, como comentamos anteriormente. O direcionamento do gesto geralmente é acompanhado com o olhar, sempre de forma antecipada ao evento musical. Se a direcionalidade for pronunciadamente para as laterais, como no caso de primeiros violinos ou de violoncelos em uma orquestra, será apropriado girar o corpo todo incluindo os pés, para garantir maior conforto muscular e efetividade do movimento. Ainda, há casos nos quais a espacialidade pode crescer ainda mais, como na ópera e no teatro musical. Nessas configurações, a orquestra comumente atua interpretando as obras desde um fosso embaixo do cenário, enquanto os cantores e suas movimentações acontecem no palco propriamente. Assim, além da direcionalidade, a regência em dois planos ganha mais uma aplicação.

Síntese

Neste capítulo, explicamos que a regência instrumental pode atingir níveis de complexidade maiores do que a regência coral, em virtude da quantidade de pessoas envolvidas e da diversidade de seus instrumentos. Entretanto, essa complexidade não implica comparação de valor. Além disso, em sua forma pura, sem canto, não há prosódia verbal que sirva de elemento articulador do material sonoro, isto é, quase toda a responsabilidade comunicativa e expressiva deve ficar a cargo da gestualidade dos braços.

Ainda levando em conta a complexidade mencionada, deve estar claro que o trabalho em equipe é fundamental. Por isso, é papel do regente delegar funções e acolher sugestões oportunamente.

Evidentemente, tal visão de equipe não exime esse profissional de ter os conhecimentos de orquestração necessários para endereçar corretamente as particularidades de cada instrumento, família e formação instrumental, de acordo com o gênero musical e a época.

No que diz respeito ao ensaio instrumental, mencionamos que este compartilha várias características do ensaio vocal, embora tenha particularidades. A aparição da batuta, nos casos em que se faça oportuna, e o direcionamento pronunciado do gesto são as diferenciações mais notórias.

Atividades de autoavaliação

1. Indique se as afirmações a seguir são verdadeiras (V) ou falsas (F):
   ( ) O primeiro violino auxilia o regente nas questões técnico-interpretativas das cordas.
   ( ) O arquivista frequentemente é um estudante de regência.
   ( ) A função do assistente de regência não é reger o grupo completo, apenas breves ensaios de naipe, quando for o caso.

   Agora, assinale a alternativa que corresponde corretamente à sequência obtida:

   a) V, F, V.
   b) F, F, F.
   c) V, V, V.
   d) F, V, V.
   e) V, V, F.

2. Assinale a alternativa correta acerca dos conhecimentos de orquestração do regente:
   a) O regente precisa conhecer orquestração apenas para fazer arranjos quando necessário.
   b) O naipe de percussão se divide principalmente em duas categorias: instrumentos tocados com a mão e instrumentos tocados com baqueta.
   c) A trompa é um instrumento transpositor que manifesta diferenças tímbricas nas diferentes regiões de sua tessitura.
   d) A trompa é o único instrumento que tem diferenças tímbricas nas diferentes regiões de sua tessitura.
   e) Em sua formação básica, uma *big band* conta com: flauta transversal, saxofones, trompetes, trombones, piano, guitarra, baixo elétrico e bateria.

2. Indique se as afirmações a seguir são verdadeiras (V) ou falsas (F):
   ( ) No Brasil, há duas grandes formações bastante difundidas: banda sinfônica e orquestra sinfônica.
   ( ) A configuração instrumental de banda não contempla instrumentos de corda friccionada.
   ( ) A formação e distribuição da orquestra sinfônica não muda ao longo do tempo, pois obedece a uma tradição europeia imutável.

   Agora, assinale a alternativa que corresponde corretamente à sequência obtida:

   a) V, V, F.
   b) F, F, V.
   c) F, F, F.
   d) V, V, V.
   e) V, F, F.

4. Assinale a alternativa que não está de acordo com os elementos do ensaio instrumental:
   a) Geralmente, cada instrumentista já conta com uma rotina de aquecimento específico para seu instrumento.
   b) Trabalhar rápida e eficientemente durante o ensaio ajuda a manter o interesse dos instrumentistas.
   c) Estimar quanto tempo de ensaio demandará cada obra é parte do planejamento.
   d) O acervo simbólico-cultural de cada grupo permite explicar uma intenção musical por meio de metáforas e analogias.
   e) Em todos os casos, o regente deve se ater aos movimentos gestuais que foram definidos por ele mesmo durante o estudo da partitura, sem inventar novos gestos no meio do ensaio.

3. Indique se as afirmações a seguir são verdadeiras (V) ou falsas (F):
   ( ) A batuta serve para amplificar o movimento dos membros superiores do regente.
   ( ) Quanto maior for a altura do regente, maior precisará ser o comprimento da sua batuta.
   ( ) Para direcionar gestos às laterais do grupo, o regente precisa manter os pés firmes no chão e apenas girar o tronco do corpo.

   Agora, assinale a alternativa que corresponde corretamente à sequência obtida:
   a) V, V, F.
   b) V, F, F.
   c) F, F, F.
   d) V, V, V.
   e) V, F, V.

Atividades de aprendizagem

Questões para reflexão

1. Seguindo o explicamos neste capítulo sobre a trompa, da família dos metais, pesquise o comportamento de ao menos um instrumento dos outros naipes da orquestra faça uma comparação entre eles. Quais são as principais diferenças e semelhanças?

2. Identifique na cultura local da cidade em que você mora quais são as formações instrumentais mais comuns. Elas utilizam algum tipo de regência? No caso de não recorrerem explicitamente à regência, por conterem poucos integrantes, haveria alguma forma de conceber formações maiores a partir dessas práticas locais?

Atividade aplicada: prática

1. Procure por algum grupo instrumental com regência que existe na localidade em que você vive, que seja de seu agrado e admiração, e participe como instrumentista. Se você já faz parte de algum grupo com essas características, ofereça sua colaboração como assistente de regência.

Capítulo 6
CASOS DE ESTUDO

Como já mencionamos, a regência é uma atividade essencialmente prática. Logo, não é adequado se restringir à reflexão teórica; o ideal é se valer da reflexão para trazer à vida obras musicais em determinado tempo e espaço. Neste capítulo, aplicaremos os conhecimentos de regência que aqui expusemos a três casos práticos, ilustrando o que se deve fazer antes de iniciar os ensaios das obras.

Depois de verificar alguns aspectos gerais do trabalho que nos propomos realizar, começaremos com uma obra coral do século XVI, do compositor Giovanni Pierluigi da Palestrina, intitulada *Jesu, Rex Admirabilis*. Como segunda obra, trabalharemos uma composição brasileira do início do século XX chamada *Onde está a honestidade?*, do compositor Noel Rosa e arranjada para flauta, instrumento harmônico e trio vocal. Por último, analisaremos os primeiros 11 compassos do 1º movimento da *Sinfonia n. 2, em Ré Maior, Op. 36*, de Ludwig van Beethoven.

6.1 Aspectos gerais

O critério de escolha das peças que detalharemos obedece às finalidades deste livro, e não ao desejo de apresentá-las em um mesmo programa de concerto. Nada proíbe fazer essa programação, mas, por serem obras muito distantes entre si, tanto em seu capital artístico quanto nas configurações musicais requeridas, realizar essa apresentação considerando um único programa se torna difícil de viabilizar logisticamente, ao menos considerando o modo como elas se apresentam originalmente. Diante disso, como pensar o fluxo de capital artístico dessas obras individualmente? Para quais públicos?

Por exemplo, para *Jesu, Rex Admirabilis*, seria possível programar a obra para ser executada em um festival de música sacra. O público de um evento desse perfil é bastante diverso e abrange desde pessoas simples em companhia de seus líderes religiosos até doutores em música, teologia e ciências da religião, todos interessados pela questão da sacralidade nas expressões artísticas e culturais. Como é de costume, tais eventos contam com um programa de concerto que reúne todos os grupos artísticos participantes. Nesse caso, é oportuno comentar resumidamente as informações históricas mais pertinentes. Antes da execução da obra, seria interessante declamar a tradução da letra ao português e fazer uma breve enunciação sobre os elementos estéticos, explorando o entendimento de sacralidade do compositor e de seu entorno cultural.

Para *Onde está a honestidade?*, uma possibilidade seria apresentá-la em um congresso latino-americano sobre políticas públicas. Aqui não seria relevante ter um programa de concerto, pois o evento como um todo segue uma dinâmica diferente da de um concerto, onde as pessoas não estão exclusivamente interessadas em uma experiência estética. Em virtude das finalidades acadêmicas/sociais e das metodologias expositivas, seria oportuno dispor de algum recurso de projeção de imagens, as quais podem se referir ao contexto sociocultural da época à qual a obra pertence e à qual faz alusão direta. Também seria pertinente realizar uma breve fala antes da execução, conectando o conteúdo lírico-musical desse samba, criado no início do século XX, às situações políticas que atualmente vivenciamos no mesmo espaço geográfico e que se fazem presentes em outros locais da América Latina.

Por fim, a obra *Sinfonia n. 2, em Ré Maior* poderia fazer parte da temporada de concertos de uma orquestra universitária. Os grupos artísticos desse ambiente atingem como público imediato a comunidade universitária, mas também se dirigem à sociedade como um todo por conta de ser uma extensão da instituição, interagindo com a cidade na qual está inserida, mediante concertos geralmente gratuitos e abertos ao público geral. Um programa de concerto um pouco mais elaborado é adequado para potencializar o enriquecimento intercultural. Assim, é recomendável incluir os dados históricos da obra, relatar uma breve biografia do autor e fazer uma resenha da obra e de seu contexto sociocultural. Adicionalmente, seria interessante organizar uma pequena palestra antes do concerto, que poderemos chamar de *pré-concerto*, convidando algum professor da universidade para falar da importância da obra e explorar seus traços estilísticos.

Nos três casos, a figura do regente precisa estar envolvida nos processos de emissão e recepção do capital artístico, em conjunto com as equipes internas e externas aos grupos musicais. Quando é munido de ferramentas para decodificar as obras, o público pode vivenciar uma fruição artística mais significativa. Não se trata, assim, de elementos acessórios, mas, sim, de participantes que garantem o sucesso da execução – aqui, "execução" também implica o ato de decodificação e ressignificação dos fenômenos musicais por parte dos ouvidos e das mentes dos espectadores.

6.2 Estudo de obra I: *Jesu, Rex Admirabilis* – Giovanni Pierluigi da Palestrina

Jesu, Rex Admirabilis se destaca pela riqueza de seu capital artístico condensado em sua simplicidade de curta duração. Por esse motivo, é uma obra que convida os coros iniciantes, mas também os profissionais, a mergulhar didaticamente nas bases do contraponto modal.

6.2.1 Investigação sobre a obra

A obra foi composta no século XVI por Giovanni Pierluigi da Palestrina (1525-1594), considerado entre os séculos XVII e XX "o eixo central no desenvolvimento progressivo da música" no ocidente (Marvin, 2002, p. VII). Hoje, Pierluigi da Palestrina é tido como o maior representante do contraponto modal renascentista. Além de sua importância como compositor, ocupou o cargo de regente da Cappella Julia, o coro papal da época no Vaticano, o que também contribuiu para a visibilidade de seu legado.

O primeiro registro editorial de *Jesu, Rex Admirabilis* com o qual contamos se encontra no livro *Diletto spirituale canzonette a tre et a quattro voci*, de 1586 (Cf. CPDL, 2020). Podemos atribuir credibilidade a esse material porque ele foi publicado com o compositor ainda em vida. Observe tal edição na Figura 6.1.

Figura 6.1 – Primeiro registro de *Jesu, Rex Admirabilis*

Fonte: Verovio, 1586, p. 7.

A partitura em sua primeira edição permite compreender como a música foi pensada e de que modo poderia ser interpretada naquela época. A primeira diferença em relação à escrita musical moderna diz respeito à ausência do arranjo de grade musical mostrando a relação de duração das notas entre as vozes. E não há divisões de compassos. Tais diferenças podem dificultar a compreensão rítmica com a qual estamos acostumados, mas revelam outra forma de interpretação rítmica:

> Em primeiro lugar, a música vocal mesurada da época não utilizava divisões de compasso; em segundo lugar, os teóricos da época não mencionam a existência de tempos acentuados ou não acentuados; por último, quando o "compasso", considerado como tal, é levado em conta, frequentemente ocorrem falsas colocações de ênfase no texto das vozes individuais, o que faz parecer que os compassos são restrições injustificáveis. (Jeppesen, 1970, p. 21, tradução nossa)

Ao renunciar à ideia de compasso, nota-se que o elemento norteador rítmico é a prosódia verbal, e não uma métrica mesurada de forma homogênea, o que sugere uma aproximação forte com o estilo do canto gregoriano do qual a tradição vocal ocidental é devedora. Dessa forma, é preciso estudar a prosódia do texto latino para dele extrair a musicalidade rítmica da obra.

A esse respeito, observe a Figura 6.2, que apresenta o texto com uma tradução ao português e, em negrito, as acentuações de cada palavra em latim, que guiarão a construção das frases na interpretação musical.

Figura 6.2 – *Jesu, Rex Admirabilis*, em tradução livre, com as acentuações da primeira estrofe

> *JE*SU, **REX** AD**MI**RA*BILIS* ***ET*** *TRIUM****PHA****TOR **NO****BILIS*
> Jesus, o rei admirável e nobre triunfante
> *DUL**CE**DO INEF**FA**BILIS,* ***TO****TUS DESIDE**RA**BILIS.*
> De indescritível doçura, querido por todos.

Fonte: Manrique Yáñez, 2020c, p. 4.

Retomando a questão da presença do compositor em um cargo musical importante dentro da hierarquia eclesial do século XVI, é esperado que a peça tenha sido pensada para os padrões estéticos que correntes na época. Pelos documentos eclesiais, sabemos que o coro com o qual Pierluigi da Palestrina trabalhou estava formado por "doze cantores: quatro baixos, quatro tenores e quatro contraltos (falsetistas), adicionalmente, para a voz chamada soprano, quatro eunucos, se for possível encontrar com as devidas habilidades, caso contrário, seis meninos" (Sisto V, citado por Milner, 1973, p. 250, tradução nossa). Logo, podemos deduzir que essa formação musical foi a encarregada de trazer à luz a obra pela primeira vez. Independentemente da altura musical absoluta, pois era possível transpô-la segundo as circunstâncias e possibilidades do coro, percebemos que o grupo está formado apenas por vozes de homens, com a possibilidade de contar com eunucos[1] ou meninos para as partes mais agudas. A ausência de mulheres cantoras nesse meio

...
1 Eunucos são os homens que, quando crianças, foram submetidos a uma castração. Isso resultava na preservação da voz aguda de criança mesmo na idade adulta. Atualmente, esse procedimento não é mais praticado.

se dava por conta da restrição na prática litúrgica eclesial. Esse fato nos informa sobre o timbre original utilizado na obra.

6.2.2 Escolha da partitura

O levantamento de dados evidencia que a investigação acerca da obra é essencial para a escolha da partitura a ser usada para a interpretação, principalmente por ser uma obra distante de nossa época. A organização em forma de grade musical não seria um empecilho, mas a organização em compassos métricos resultaria em graves problemas de interpretação musical. Assim, uma boa opção seria recorrer a uma partitura sem divisão de compassos, como a que aparece na Figura 6.3.

Figura 6.3 – *Jesu, Rex Admirabilis* em notação moderna sem métrica de compassos

Fonte: Pierluigi da Palestrina, 2022.

A questão da grade musical consiste em um recurso que não obsta a compreensão da obra; pelo contrário, auxilia graficamente e a aproxima de nosso costume notacional. A partitura fornece indícios de ter sido preparada levando em conta aspectos históricos, ao manter no início as nomenclaturas de linha e claves originais.

6.2.3 Estudo da partitura

Em qualquer estudo de partitura, é preciso tomar decisões interpretativas. Em *Jesu, Rex Admirabilis*, isso se acentua pela divergência entre as práticas vocais da época e o contexto atual. Considerando a programação dessa obra para um congresso de música sacra, o elemento histórico ganha destaque. Assim, parece interessante montar a obra para coro masculino, no caso de contar com bons falsetistas. No entanto, como atualmente não existem mais restrições eclesiais que impeçam a participação de mulheres nas obras sacras, dentro e fora do espaço de culto, essa opção pode ganhar uma ressignificação importante para o público. De toda maneira, em ambos os casos, é importante buscar uma tessitura confortável para o grupo vocal que executará a obra, como se fazia na prática da época. Pensando em executá-la com um grupo vocal misto em uma transposição intervalar de uma quarta abaixo, o regente pode designar designar a linha vocal de *cantus* I para soprano, *cantus* II para contralto e *altus* para barítono.

O fato de a partitura não conter informações acerca da dinâmica musical não significa que a obra não possa tê-la. No século XVI, as *nuances* dinâmicas não eram incorporadas à notação musical, mas respondiam às práticas deixadas pelo canto gregoriano e à prosódia do latim, como parte da cultura local. Assim, cada palavra tem uma dinâmica musical própria segundo sua prosódia. Outrossim, as frases incorporam a mesma lógica dinâmica da palavra. Nesse caso, faz-se preciso identificar qual palavra da frase pode ser a mais significativa para utilizá-la como referência de direcionamento. O texto também aponta lugares oportunos para articular respirações, resultando em frases menores.

Na Figura 6.4, mostramos um possível esquema interpretativo destes elementos.

Figura 6.4 – Interpretação dinâmica de fraseado segundo a prosódia verbal

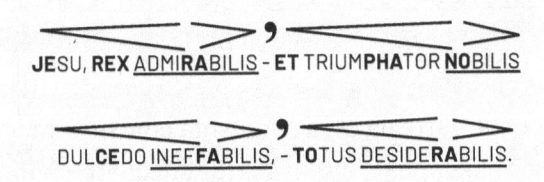

JESU, REX ADMIRABILIS - ET TRIUMPHATOR NOBILIS

DULCEDO INEFFABILIS, - TOTUS DESIDERABILIS.

Dessa forma, as palavras *admirabilis, nobilis, ineffabilis* e *desiderabilis* são as principais de cada um dos arcos definidos pela inserção de respirações segundo o conteúdo verbal e musical. A primeira parte da obra tem uma textura homorrítmica, o que permite aplicar a mesma dinâmica em todas as linhas. É importante registrar essas decisões na partitura, como aparece na Figura 6.5.

Figura 6.5 – *Jesu, Rex Admirabilis* – anotações de interpretação na partitura I

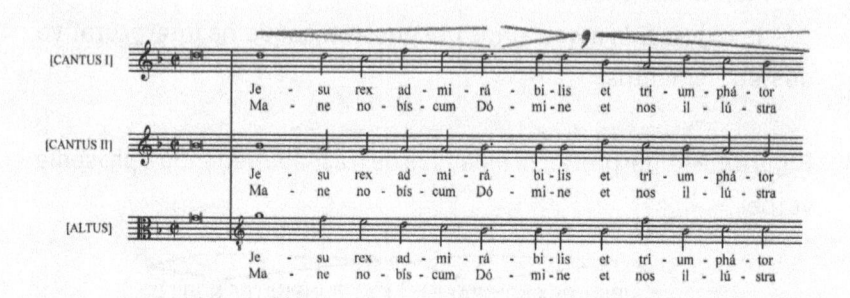

A segunda parte da obra apresenta uma textura polifônica que coloca as linhas vocais e seus textos em contraponto. Sobre esse aspecto, é apropriado construir uma linha de regência, que consiste em uma linha melódica adicional a partir dos elementos mais significativos das linhas originais da obra. Assim, o regente obtém uma perspectiva linear dos eventos sonoros aos quais precisará prestar maior atenção. Na Figura 6.6, inicia-se a construção dessa linha.

Figura 6.6 – *Jesu, Rex Admirabilis* – anotações de interpretação na partitura II

No início da parte polifônica, as linhas do *cantus* II e do *altus* ainda mantêm um comportamento homofônico entre elas. A preferência de iniciar a linha de regência no *cantus* II se dá pela proximidade intervalar com a linha do *cantus* I onde acontecerá o próximo evento importante a ser destacado. Nesse ponto, também percebemos que as dinâmicas resultantes da prosódia verbal seguem o tratamento próprio da polifonia com sua independência. Eis a continuação da análise na Figura 6.7.

Figura 6.7 – *Jesu, Rex Admirabilis* – anotações de interpretação na partitura III

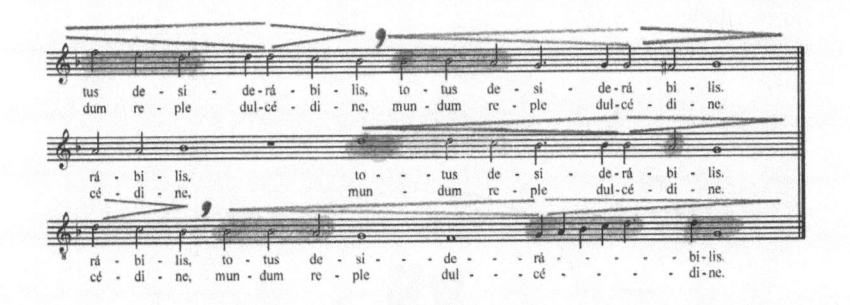

Para se apropriar firmemente de todos os elementos apresentados, o regente tem de ser capaz de cantar todas as linhas vocais e a da regência. Nos casos em que a tessitura ultrapasse os limites de sua voz, tem de cantar as notas oitavadas conforme for mais conveniente, podendo acontecer na linha toda, em algumas frases ou em notas isoladas.

As escolhas de fraseado deste estudo oferecem um conforto respiratório para os cantores, mas não representam a única possibilidade. Por exemplo, de acordo com o andamento escolhido, que dependerá do próprio ritmo desejado para a palavra, as duas primeiras frases que definimos poderiam ser interpretadas sem respiração no meio delas. Contudo, isso demandaria uma boa capacidade respiratória por parte dos cantores.

O contraponto elaborado sugere algumas possibilidades de posicionamento dos naipes. Aproveitando o início da parte polifônica onde o *cantus* II e o *altus* mantêm a relação homorrítmica, seria possível posicionar esses grupos nos extremos, em um formato em meia-lua, a fim de provocar um discernimento auditivo das suas linhas em efeito estereofônico, como ilustrado na Figura 6.8.

Figura 6.8 – Opção de posicionamento dos naipes para *Jesu, Rex Admirabilis*

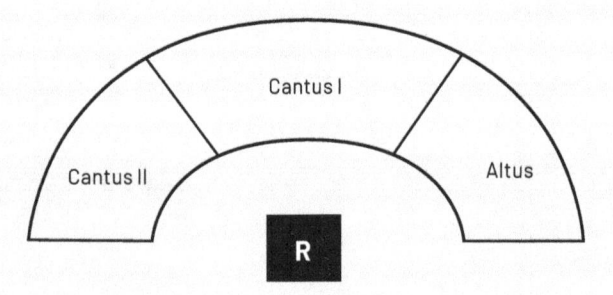

Quanto às qualidades interpretativas do canto, é apropriado comentar com o grupo sobre dois aspectos estilísticos desse tipo de repertório. O primeiro se refere ao controle do vibrato, que precisa ser leve ou quase inexistente. O segundo diz respeito a buscar uma sonoridade mais clara, principalmente com uma laringe equilibrada. Tais aspectos contrastam com tendências mais operísticas ou próprias do período romântico que porventura integrem a prática do grupo vocal.

No que diz respeito à gestualidade para indicar as entradas e as decisões interpretativas, como não há compassos e suas fórmulas, não se faz necessário recorrer a padrões gestuais para a regência. Assim, é conveniente utilizar a regência quironômica gregoriana, prezando sempre pela organicidade dos movimentos.

6.2.4 Referências interpretativas

A obra tem grande acolhida em grupos vocais, amadores e profissionais. Isso, somado à abertura que a notação musical original propõe, resulta numa grande diversidade de interpretações. Entre elas se destaca a execução ao vivo do Coro Montecastello, com a direção de Giacomo Monica, no Auditorium del Carmine em Parma, Itália[2]. Outra interpretação que vale conferir é a do Monteverdi Choir, com a direção de John Eliot Gardiner, registrada no álbum *Choral Recital: Monteverdi Choir-Morales / Victoria, T.L. / Clements Non Papa / Mouton (Pilgrimage To Santiago)*, disponível em várias plataformas digitais, como o Spotify[3].

6.3 Estudo de obra II: *Onde está a honestidade?* – Noel Rosa

Essa obra de Noel Rosa, além de representar bastante bem o gênero samba dentro da música brasileira, fez grande sucesso em virtude de sua pertinência social, denunciando a situação política brasileira

---

2 Disponível em: <https://youtu.be/EjsK-NJqsRs>. Acesso em: 25 out. 2022.
3 Disponível em: <https://open.spotify.com/album/6f4RV4lncCRnZwsWWuuRvg>. Acesso em: 25 out. 2022.

na primeira metade do século XX. Arranjada para os mesmos fins didáticos que orientam este livro, a peça é apresentada nesta ocasião para flauta, instrumento harmônico e trio vocal.

6.3.1 Investigação sobre a obra

Onde está a honestidade? foi gravada originalmente em 1933 pelo próprio Noel Rosa e a Sua Turma da Vila, três anos após a Revolução de 1930, quando já era possível enxergar as intenções individualistas e gananciosas de alguns atores da nova ordem política, conforme apontado por Pinto (2011, p. 100): "O povo é a voz que faz a pergunta originando o título de tal composição indagando a figura do político que se beneficia e se promove com dinheiro da sociedade". Infelizmente, o cenário político não mudou muito até os dias de hoje, o que mantém a obra atual.

O autor é considerado um dos maiores compositores do Brasil. No período de sete anos de carreira musical, Noel Rosa compôs 259 sambas (Pinto, 2011). Um dos fatores que lhe renderam grande sucesso foi a popularização de suas composições, por meio da comunicação radiofônica que começava a se expandir.

6.3.2 Escolha da partitura

A música popular brasileira se caracteriza por sua espontaneidade interpretativa e pela tradição oral, a qual, em seu meio cultural nativo, utiliza pouco o recurso da notação musical em partitura. Para fins de catalogação, análise e difusão do repertório em outras esferas musicais, contamos com boas transcrições das melodias com seu acompanhamento harmônico, geralmente em cifra. Uma dessas transcrições é apresentada pela Editora Lumiar, da qual reproduzimos um fragmento na Figura 6.9.

Figura 6.9 – Fragmento da edição comercial referente à transcrição de *Onde está a honestidade?*, de Noel Rosa, 1933

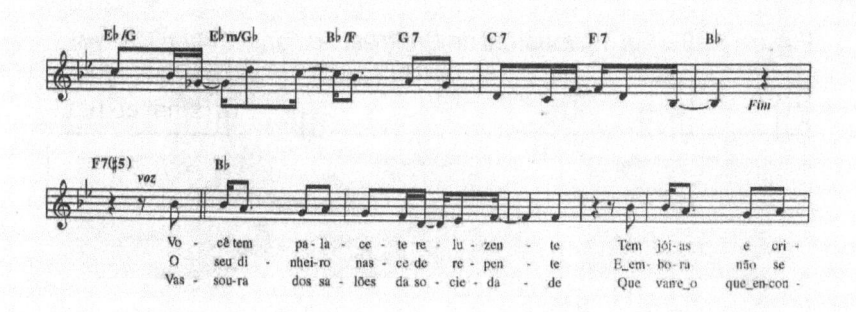

Fonte: Chediak, 2009, p. 91.

Para trabalhar com grupos que façam leitura musical, é conveniente escrever partes para a formação musical específica. Nesse caso, o arranjo[4] contempla três vozes, uma flauta e um instrumento harmônico de acompanhamento em cifra, que poderia ser violão ou piano, por exemplo. Isso não retira a possibilidade de instrumentistas que conheçam a tradição oral do samba participarem sem ter sua parte escrita, o que abre espaço para, talvez, incluir o cavaquinho e alguns instrumentos de percussão, como pandeiro e surdo.

6.3.3 Estudo da partitura

Assim como a maioria das músicas populares, essa obra conta com uma forma musical bastante simples, a qual está resumida na Figura

---
4   A partitura completa do arranjo consta no Apêndice desta obra.

6.10. Ela inicia com uma seção instrumental a modo de introdução, depois parte para a estrofe e, por fim, o refrão. O ciclo se repete até acabar com a quantidade de estrofes, momento em que a seção instrumental é assumida como ponte. Uma vez que as estrofes são esgotadas, a seção instrumental finaliza a música.

Figura 6.10 – Forma musical de *Onde está a honestidade?*

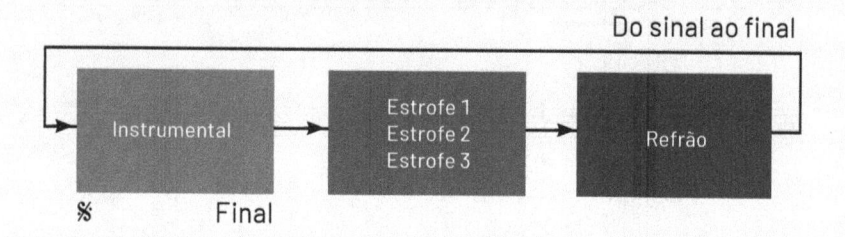

```
                                                    Do sinal ao final
    ┌─────────────────────────────────────────────────────────────┐
    │                                                             │
    ▼                                                             │
┌──────────────┐     ┌──────────────┐     ┌──────────────┐
│              │     │  Estrofe 1   │     │              │
│ Instrumental │ ──▶ │  Estrofe 2   │ ──▶ │   Refrão     │
│              │     │  Estrofe 3   │     │              │
└──────────────┘     └──────────────┘     └──────────────┘
    %       Final
```

Com fórmula de compasso de 2/4, o início instrumental acontece em forma de anacruse com antecipação de uma semínima, como demonstrado na Figura 6.11. Se os instrumentistas do grupo em questão pertencem ao ambiente cultural da música popular brasileira (MPB) e um andamento aproximado para a interpretação tiver sido combinado, o regente poderia confiar-lhes o início da música. Isso com a intenção de manter a naturalidade interpretativa da canção, como em seu espaço cultural original. Caso se considere oportuno começar com a condução da regência, é possível aplicar uma preparação simples, como aparece na Figura 2.2. do Capítulo 2, com a diferença de que o gesto inicia saindo do que seria um primeiro tempo para preparar a entrada da flauta no segundo tempo da fórmula 2/4.

Figura 6.11 – Início instrumental de *Onde está a honestidade?*

A fim de manter uma relação hierárquica entre os épos, é preciso ter atenção quanto à entrada da flauta, para não executar um gesto maior do que o utilizado no início do primeiro compasso. Procurando diferenciar bem a relação entre esses dois tempos, o regente aplicar o padrão gestual em forma de J invertido para a fórmula 2/4 da Figura 2.6. Assim, o primeiro ataque, marcando o início da flauta, atingirá o plano de regência de fora para dentro em diagonal. Os outros instrumentos que farão o acompanhamento rítmico-harmônico podem entrar na cabeça do primeiro compasso. Depois de iniciar o som e definir seu pulso, será possível manter uma marcação passiva e recuada, deixando os instrumentistas mais à vontade no estilo.

Quanto às estrofes, seria possível pedir aos cantores que elas sejam interpretadas por voz solo. Nesse caso, não seria necessário fazer gestos marcando a entrada exata. Uma deixa antecipada, cordial e respeitosa, é suficiente para convidar o cantor a interpretar sua parte considerando a liberdade que lhe é atribuída, da mesma forma que se faz para abrir a palavra a um orador que se dispõe a falar seu discurso. A partir desse momento, que aparece na Figura 6.12, até a entrada do refrão, a marcação dos tempos se mostra desnecessária. Dessa forma, a movimentação da regência pode ser passivamente retraída ou, até mesmo, abandonada, a fim de deixar o grupo todo na dinâmica natural da música popular.

Figura 6.12 – Entrada das estrofes de *Onde está a honestidade?*

```
         A
  9  F+7   B♭                                    B♭    G7/B
S.  ♭ ...

1.Vo - cê tem pa - la - ce - te re - lu - zen - te.   Tem jói - as    e    cri - a - dos à von-ta-
2.O   seu di-nhei-ro nas-ce de__re - pen  - te.       E em - bo - ra não  se  sai-ba se é ver-da
3.Vas-sou-ra dos sa-lões da so - cie- da - de.        Que var-re o que en-con-trar em su - a  fren
```

Caso se desejasse que as estrofes o regente podeossem cantadas pelo grupo vocal em uníssono, seria apropriado executar um gesto de preparação para contratempo, como demonstrado na Figura 2.13, indicando a entrada antecipadamente no segundo tempo do respectivo compasso, dentro do contexto musical. Diferentemente do caso de voz solista, nesse caso será propício manter a marcação dos tempos e fazer a gesticulação labial da letra sem emitir som, garantindo a coesão articulatória do grupo vocal.

Assumindo que a decisão seja abandonar a marcação de tempos durante a interpretação das estrofes por um solista, o regente tem de alertar o grupo para o fato de que ele retomará o controle da regência posicionando os braços à frente, no estado fundamental, da mesma forma que se faz para iniciar uma música, com antecedência de aproximadamente dois compassos. Dessa forma, o regente inicia o movimento de preparação para a entrada do refrão, que também acontece em contratempo.

O arranjo prevê uma abertura a três vozes no refrão, na ideia de um contracanto entre soprano e a dupla formada pelas vozes de contralto e barítono. Com essa divisão, a regência deve ponderar quais elementos ganharão prioridade na condução gestual. Como a parte de soprano fica com a melodia principal da música, que segue seu curso normal, pode-se priorizar a atenção gestual no modelamento do contracanto. Dessa forma, é possível marcar a entrada da melodia do refrão, que surge em anacruse, e logo em seguida marcar também a entrada do contracanto, de forma orgânica – ambas as entradas integradas em um gesto contínuo. Com isso, a linha de regência deve pular rapidamente da melodia para o contracanto, onde a gesticulação verbal das duas linhas vocais fica fusionada assim: "E o... on-de".

Considerando a opção de cuidar gestualmente do contracanto, é necessário pensar no direcionamento e na articulação dessa frase musical. Para isso, é interessante observar o que está acontecendo verticalmente com as notas, o que pode ocorrer por meio de uma análise harmônica do trecho, como ilustrado na Figura 6.13.

Figura 6.13 – Análise harmônica do refrão de *Onde está a honestidade?*

Uma simples visualização mostra que o refrão forma dois arcos ao repetir seu tema musical. Pela notação por cifra, também percebemos que o segundo arco se diferencia do primeiro por sua linha de baixo, que, por meio de inversões nos três primeiros acordes (compasso 34 ao 36), gera uma linha cromática descendente pelo empréstimo modal de iv6 entre o IV6 grau e o I6/4 grau. Posteriormente, a harmonia retoma a sequência de dominantes secundárias em estado fundamental até chegar ao I grau, como no primeiro arco. Essa linha cromática descendente que aparece no baixo do segundo arco é aproveitada também na voz de contralto já desde o primeiro arco em sua oitava correspondente. Tal análise permite identificar uma divisão interna no tema do refrão: uma primeira parte caracterizada pelo cromatismo resultante do empréstimo modal e uma segunda parte configurada pela sequência de dominantes secundárias.

Seguindo esse comportamento harmônico, o contracanto pode ser dividido da mesma forma, adicionando uma respiração para delimitar as duas frases menores e definindo um direcionamento dinâmico. Na Figura 6.14, observe como isso poderia estar expresso na partitura.

Figura 6.14 – Possibilidade dinâmica e respiração do contracanto

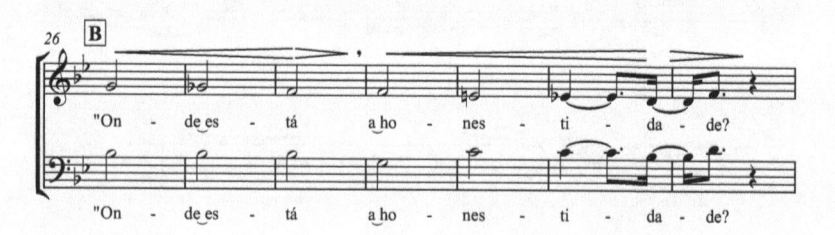

Com o acompanhamento instrumental sustentando firmemente o ritmo e a linha de soprano garantindo a execução da melodia principal, a gestualidade da regência pode inteiramente ser dedicada a modelar o contracanto segundo as decisões interpretativas escolhidas.

Um elemento interpretativo adicional é a definição da fonética utilizada para tal interpretação. Devido aos regionalismos da fala e às ondas migratórias internas no Brasil, os cantores apresentam diferentes sotaques. Sabendo que o compositor é natural do Rio de Janeiro e que a obra faz referência à vida política e social dessa cidade, seria razoável homologar a fonética em conformidade com o sotaque carioca.

6.3.4 Referências interpretativas

A principal referência interpretativa é a gravação do autor em 1933[5]. A respeito do arranjo, até a data da publicação deste livro, não contamos com nenhuma interpretação registrada e divulgada publicamente. Isto, longe de causar prejuízo, é uma oportunidade para registrar uma interpretação própria e disponibilizá-la como referência para outros intérpretes.

---

5   Disponível em: <https://open.spotify.com/track/4Mg1JR6dAf3u4mJDmxTwRQ>. Acesso em: 15 jul. 2022.

6.4 Estudo de obra III: *Sinfonia n. 2 em Ré Maior, Op. 36*, 1º movimento – Ludwig van Beethoven

Como mencionamos no Capítulo 1, a obra composicional de Beethoven contribuiu com o desenvolvimento da música ocidental, principalmente na passagem do Classicismo para o Romantismo. A *Sinfonia n. 2* é considerada a última a pertencer ao período clássico entre as sinfonias do Beethoven, preparando o território para a terceira sinfonia, a *Eroica*, obra catalogada como transitória na passagem ao Romantismo.

6.4.1 Investigação sobre a obra

O impacto da terceira sinfonia de Beethoven na compreensão da história da música ocidental, ao lado de seus trabalhos posteriores, de certa forma ofuscou a apreciação da segunda sinfonia por parte de alguns autores e críticos. Mas podemos afirmar, junto de Arthur Johnstone, que a *Sinfonia n. 2* "está estampada com a verdadeira individualidade de Beethoven em cada página, e é comparável à [Sinfonia em] Sol menor de Mozart na riqueza de sua organização e na potência de seu encanto" (Beethoven..., 2020, p. 43, tradução nossa). Verificaremos essa compreensão já nos primeiros compassos da obra, os quais serão o foco deste estudo.

A primeira execução dessa peça ocorreu em abril de 1803, na sala de concerto Theater an der Wien, localizada em Viena, capital austríaca. Bennnett (1985, p. 73) registra que "as quatro primeiras sinfonias de Beethoven, compostas no início do século XIX, utilizam os mesmos instrumentos – com exceção da Terceira Sinfonia (a *Eroica*), que necessita de uma trompa extra". Assim, a instrumentação e a distribuição seguem o padrão clássico que apresentamos na Figura 5.5.

Beethoven escreveu sua segunda sinfonia durante o verão de 1802, quando já tinha começado a perceber seu deterioramento auditivo. Inclusive, esse fato o levou a escrever um testamento, no qual afirmou: "Se às vezes eu tentava esquecer tudo isso, oh, com que dureza eu era arremessado para trás pela experiência duplamente triste da minha deficiência auditiva. No entanto, era impossível para mim dizer às pessoas: 'Fale mais alto, grite, pois sou surdo'" (Popular Beethoven, 2022, tradução nossa).

Essa citação suscita duas reflexões sobre este processo interpretativo. A primeira é: em qual grau tais emoções do autor podem ter sido capturadas no material sonoro da obra? Não precisamos de uma resposta concreta, mas a pergunta já questiona o processo interpretativo e de emissão e recepção da obra. A segunda se refere ao admirável resultado composicional proveniente de uma pessoa a caminho da surdez, e que ainda escreveria outras obras de destaque, como a quinta e a nona sinfonias que subsistem no imaginário coletivo mundial.

6.4.2 Escolha da partitura

A obra de Beethoven foi composta em uma época na qual já se contava com a prática de impressão de partituras. A primeira publicação das partes orquestrais foi realizada pela editora Bureau d'Arts et d'Industrie, em 1804 na cidade de Viena (ESM, 2022). Em razão disso, as partituras desse compositor são menos suscetíveis a modificações e acréscimos editoriais em comparação com as obras de Pierluigi da Palestrina, por exemplo. Atualmente, contamos com uma edição da grade orquestral revisada e disponível na *International Music Score Library Project*, pela editora Dover Publications, que foi publicada em 1989: "Reproduzida meticulosamente a partir da edição oficial da Litolff, cada partitura apresenta cabeçalhos de notas grandes e claros e margens amplas para facilitar o uso no estudo e acompanhamento da música" (Beethoven, 1989, contracapa, tradução nossa). Esta será a edição que utilizaremos para este estudo.

6.4.3 Estudo da partitura

Analisaremos a *Sinfonia n. 2* a partir de pequenos recortes da grade orquestral presente no Anexo II, segundo nossa escolha editorial. Tais recortes representativos, em relação aos eventos musicais da grade, serão acompanhados de gráficos indicando as escolhas gestuais propostos para os primeiros 11 compassos da obra.

A partitura começa fornecendo a indicação de andamento *adagio molto*, acompanhada das batidas por minuto para a figura de colcheia (– 84). Essa informação permite intuir que é apropriado executar a regência com o tempo em subdivisão, do modo que foi mostrado na Figura 2.15. Quanto à indicação do andamento com as batidas por minuto, trata-se apenas de uma referência, pois a tradição interpretativa apresenta outras possibilidades próximas a esse valor.

Em uma visão geral, a fórmula de compasso mostrada é de 3/4, mas observando-se a associação de colcheias de alguns compassos, nota-se que estão escritas como se se tratasse de um compasso binário composto de 6/8. Essa notação indica que na peça há contextos rítmicos que por vezes se comportarão em forma de 3/4 e, em outras, em 6/8. Por isso, a regência deve acompanhar tais mudanças de organização rítmica.

A obra inaugura o som abruptamente com dois golpes contundentes em *tutti*. A esse respeito, a primeira questão que emerge é se essas duas batidas ganharão alguma hierarquia em relação à dinâmica: Ambas terão a mesma intensidade? A primeira será mais forte do que a segunda ou o contrário?

Para este exemplo de estudo, optaremos por dar ênfase à segunda batida. Isso significa que escolheremos uma aproximação à lógica da dinâmica métrica, em que o primeiro tempo ganha destaque em relação a sua anacruse. Para gerar essa intencionalidade abrupta, mas exata, seria pertinente utilizar a preparação por *click*, como se pode observar na Figura 2.14. A mão gira rapidamente, podendo se manter estática na sequência ou com um leve balanço, representando uma primeira pulsação preparatória. Indicando uma segunda pulsação preparatória, o gesto ascendente deve começar com força, ganhando altura, para depois cair com todo o peso dos braços no plano de regência, energicamente, em virtude da dinâmica em fortíssimo, o que denota o início do primeiro compasso. Isso fornece aos instrumentistas uma referência de pulso que lhes permite calcular visualmente onde se encaixará a anacruse, embora privilegiando uma resolução dinâmica acentuada na segunda batida que acontece no primeiro tempo do primeiro compasso. Para o primeiro violino, o *spalla*, a primeira arcada dos instrumentos de corda friccionada pode ser para cima, e a segunda, para baixo, acompanhando a intencionalidade dinâmica escolhida.

Figura 6.15 – Estudo gestual da *Sinfonia n. 2*, de Beethoven – compassos 0 e 1

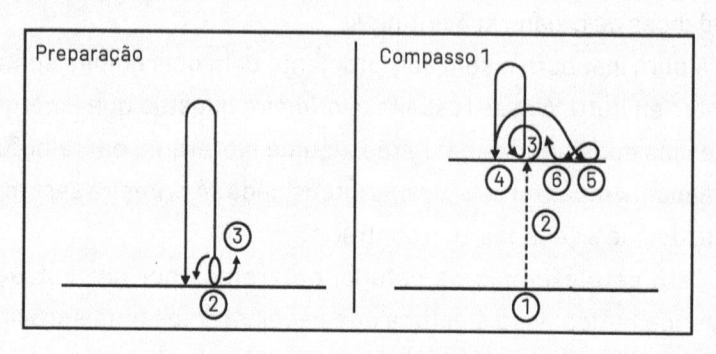

Depois de executar a preparação, a anacruse e seu complemento no primeiro tempo, este último será sustentado e afetado por uma *fermata*. Aqui, é interessante abandonar a pulsação há pouco definida. Outro dado importante para estabelecer o gesto corresponde à dinâmica contrastante que vem de um fortíssimo ($f\!f$) para o piano (p), dividindo o compasso exatamente na metade, que em conjunto com a forma de escrita das colcheias revela uma organização interna de 6/8. Nesse contexto, parece ser interessante utilizar a regência em dois níveis, que representamos na Figura 2.20. Coincidentemente, isso se alinha com o recorte instrumental apenas nas madeiras, para as quais se pode direcionar o gesto no novo nível aproximadamente na altura dos ombros, conforme ilustrado no gráfico gestual do primeiro compasso na Figura 6.15.

Com essa análise, o percurso do gesto para o primeiro compasso poderia ficar da seguinte forma: (i) no primeiro tempo, o gesto impacta com força no plano de regência, para logo iniciar uma elevação devagar segundo o tempo desejado pela *fermata* em direção ao plano mais elevado, abandonando a pulsação e sustentando o som; (ii) no terceiro tempo, chega-se ao plano elevado, onde se faz o gesto de corte conectado diretamente com a preparação do seguinte evento musical no quarto tempo; (iii) no quarto tempo, inicia-se a marcação do que seria a segunda metade do compasso 6/8 – um gesto bastante leve, por conta da dinâmica.

O segundo compasso apresenta um típico comportamento de 3/4. Isso indica que a regência pode assumir esse padrão gestual de forma subdividida, como demonstrado na Figura 6.16. O gesto deve ser pequeno e leve, em virtude do contexto dinâmico e articulatório.

Figura 6.16 – Estudo gestual da *Sinfonia n. 2*, de Beethoven – compassos 2 e 3

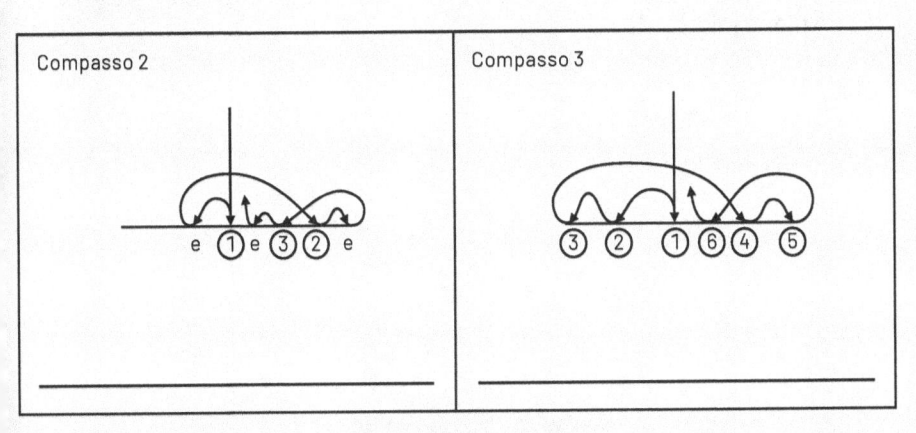

No terceiro compasso, novamente há a organização rítmica de 6/8, mas dessa vez acompanhada por um leve crescendo e decrescendo, como aparece também na Figura 6.16. Por conta da sutiliza do gesto, talvez seja interessante recorrer à independência de braços para marcar as *nuances* dinâmicas com o movimento em diagonal de um dos membros.

O quarto compasso segue com a métrica em 6/8. A novidade, nesse caso, ocorre nas articulações das madeiras na segunda metade do compasso, com exceção do oboé. Assim, o percurso do gesto para o quarto compasso poderia ser da seguinte forma, como se encontra na Figura 6.17: (i) a primeira metade do compasso mantém seu percurso natural; (ii) a partir do quarto tempo, iniciam-se as articulações em *staccato*, o que deve ser mostrado com um gesto mais preciso que termine em ponta; (iii) a preparação para o compasso seguinte é mais enérgica que as anteriores, em virtude da reaparição do motivo musical inicial em fortíssimo (ff), saindo do plano elevado de regência e buscando a precipitação em direção ao plano inicial.

Figura 6.17 – Estudo gestual da *Sinfonia n. 2*, de Beethoven, compassos 4 e 5

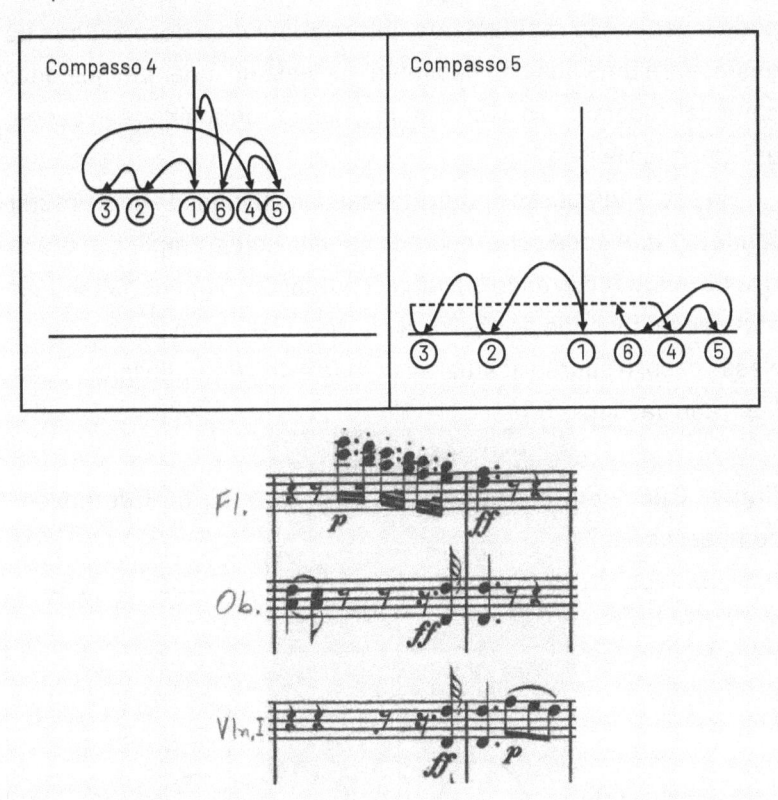

Ao cair com força na cabeça do quinto compasso, como mostrado também na Figura 6.17, a regência mantém a pulsação segundo o padrão gestual de 6/8 desde o início, diferentemente da primeira vez que esse motivo musical apareceu, em razão da da ausência da *fermata*. Por sua vez, na segunda metade do compasso, a dinâmica musical vai para piano (*p*). Para que essa troca de dinâmica funcione, é preciso antecipar a diminuição do gesto no contratempo do terceiro tempo. Não seria interessante antecipar mais que isso, pois com isso a sustentação do fortíssimo que vem acontecendo seria retirada. Logo, depois de bater o terceiro tempo, o regente pode levar a mão rapidamente, interrompendo a normalidade do gesto, para uma posição não muito elevada no lugar em que deve bater delicadamente o quarto tempo, dando continuidade ao padrão em dinâmica leve.

No sexto compasso, há um crescendo caminhando para um *sforzando* (*sf*), que pode ser executado apenas com a ampliação gradativa do gesto finalizando em uma acentuação, ou poderia também estar acompanhado de abertura em diagonal de um dos membros. Nesse caso, o padrão gestual adequado é de 3/4 subdividido, como ilustrado na Figura 6.18.

Figura 6.18 – Estudo gestual da *Sinfonia n. 2*, de Beethoven – compassos 6 e 7

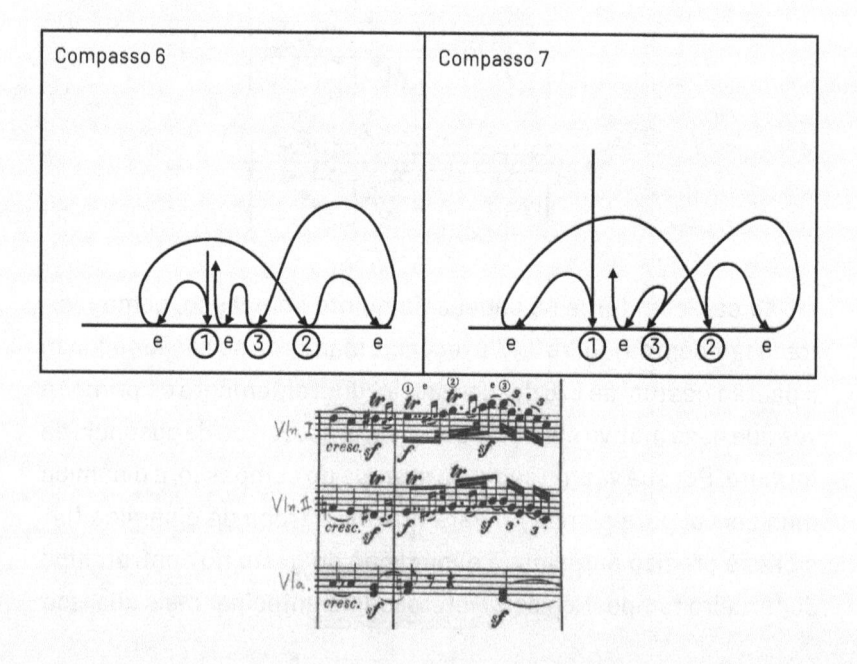

O sétimo compasso requer manter a estrutura de 3/4 subdividido, com uma articulação do gesto um pouco mais em ponta, a fim de dar precisão às cordas nesse cenário melódico ornamentado. O *sforzando* do contratempo do segundo tempo e a cabeça do terceiro tempo podem ser incorporados com uma acentuação do gesto ao bater no plano.

No oitavo compasso, retoma-se a rítmica de 6/8 com um crescendo que inicia na entrada das trompas e se junta com as cordas em direção ao *sforzando* (*sf*) do compasso seguinte. Aqui também pode-se recorrer à ampliação do gesto de forma gradativa, como demonstrado na Figura 6.19, e adicionalmente ao uso do outro membro em diagonal.

Figura 6.19 – Estudo gestual da *Sinfonia n. 2*, de Beethoven – compassos 8 e 9

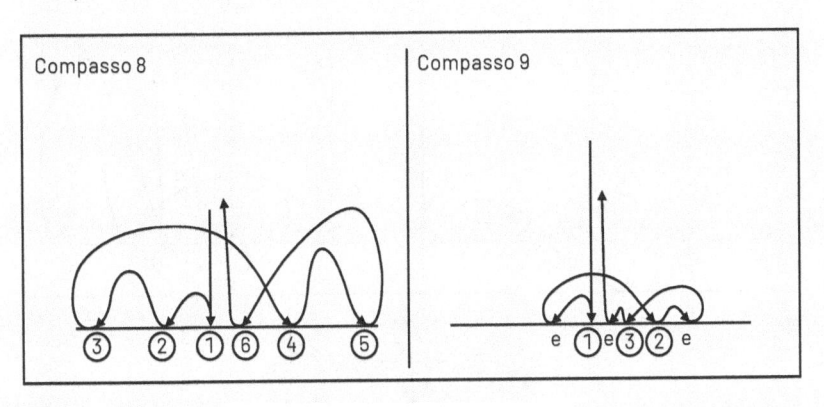

No nono compasso, a organização rítmica volta para 3/4. Assim, o regente deixa cair o braço com força na cabeça do primeiro tempo por causa do *sforzando* (sf), mas logo em seguida retira a força em direção ao próximo elemento musical em dinâmica piano (p), conforme visualizado na Figura 6.19.

O décimo compasso inicia com mais um *sforzando* (sf), o que demanda uma queda pesada, como indicado na Figura 6.20. O restante do compasso segue a mesma lógica do compasso anterior.

Figura 6.20 – Estudo gestual da *Sinfonia n. 2*, de Beethoven – compassos 10 e 11

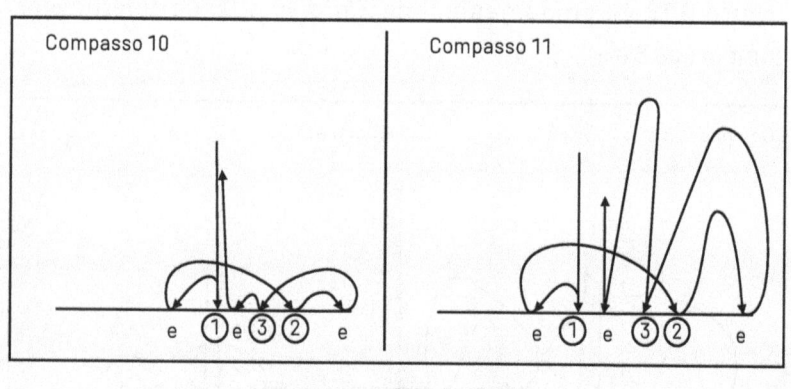

O 11° compasso também mantém o padrão rítmico de 3/4, mas há diferença no crescendo que leva para um fortíssimo no contratempo do terceiro tempo, o qual direciona para um forte-piano (*fp*), inaugurando uma nova seção da música. O gesto pode ir crescendo conforme o material sonoro solicitar, também como mostrado na Figura 6.20, articulando em ponta o terceiro tempo no qual já entram algumas cordas em *staccato*. O contratempo do terceiro tempo precisa ser enérgico por conta do fortíssimo (*ff*), para logo em seguida atacar o início do compasso seguinte.

6.4.4 Referências interpretativas

Esta obra é bem acolhida tanto em orquestras estudantis e profissionais. Talvez o número de interpretações disponíveis seja maior do que de *Jesu Rex Admirabilis*. Como referência podemos indicar a interpretação da Saarbrucken Radio Symphony Orchestra[6], com a regência de Stanisław Skrowaczewski, presente no álbum *Beethoven, L. van: Symphonies Nos. 2 and 3* lançado em 2006 pela gravadora Oehms. Outra interpretação interessante é a da Frankfurt Radio Symphony[7], com a regência de Andrés Orozco-Estrada, registrada em 2016 ao vivo na Alte Oper Frankfurt.

...
6   Disponível em: <https://open.spotify.com/album/1CahPjeSeaoZNpK2ujSwJR>. Acesso em: 25 out. 2022.
7   Disponível em: <https://youtu.be/ytOL_iszvAE>. Acesso em: 25 out. 2022.

6.5 Comentários gerais e dinâmica de ensaios

As três obras que estudamos neste capítulo revelam oportunidades e desafios para serem exploradas de muitas formas. As opções interpretativas que expusemos foram desenvolvidas com base no capital artístico que cada obra foi revelando no processo de estudo. Em nenhum momento as decisões foram aleatórias, com gênese em uma idealização estética individual. Tampouco buscamos estabelecer caminhos únicos e absolutos. Afinal, é justamente esse processo artesanal que faz da regência uma atividade plenamente artística, que interpreta e interpela o mundo.

Acerca da dinâmica de ensaios, nos capítulos anteriores já fornecemos as diretrizes gerais para cada caso: vocal e instrumental. Para obras que têm partes vocais e instrumentais – como *Onde está a honestidade?* –, recomenda-se conciliar as duas abordagens. A esse respeito, a maior diferença, no momento de planejar o ensaio dessas obras, talvez não se refira à formação musical, mas ao nível técnico de cada grupo.

Em se tratando de grupos amadores ou estudantis, o ensaio precisa ser pensado em uma perspectiva pedagógica. Por exemplo, antes de começar a ensaiar *Jesu, Rex Admirabilis* com um grupo amador, uma estratégia seria solfejar o modo dórico, a fim de entrar no universo sonoro da peça. Já em relação a *Onde está a honestidade?*, seria possível considerar um estudo rítmico com os principais motivos utilizados na peça. Por sua vez, quanto à *Sinfonia n. 2*, recomendamos a realização de alguns exercícios de velocidade e economia de arco para os violinos, assim como passar as frases rápidas que começam no 12º compasso de forma pausada, atendo-se à afinação de cada nota.

Certamente, cada grupo estudantil ou amador apresentará características próprias, em razão das quais as sugestões mencionadas poderão ser necessárias ou dispensáveis. Em todo caso, o regente deve propor degraus de aprendizado apropriados para cada grupo, com a finalidade de atingir o objetivo da peça. Para grupos profissionais, o tempo de ensaio deve ser dirigido principalmente às questões interpretativas, pois subentende-se que as questões técnicas de execução já foram resolvidas.

Síntese

Desde o início do planejamento da interpretação de uma obra, surgem ideias sobre como promover o fluxo do capital artístico entre todos os participantes da prática sonora (agentes culturais, público, músicos e compositores), os quais são articulados na pessoa regente.

Se para as obras de Pierluigi da Palestrina e Beethoven a gestualidade da regência se faz necessária do começo ao fim, na obra de Noel Rosa, a presença constante da gestualidade é desnecessária, em virtude das especificidades do gênero musical. Logo, por princípio gestual, é melhor retirar o que seja desnecessário, a fim de favorecer a efetividade da comunicação gestual nos momentos em que esta é retomada.

A depender do perfil do grupo com o qual será montada a execução das obras, as abordagens nos ensaios serão diferentes, em conformidade com o grau técnico-musical do grupo. Isso implica estimar o tempo necessário para trabalhar as obras com qualidade, considerando as expectativas de uma agenda de apresentações.

Atividades de autoavaliação

1. Indique se as afirmações a seguir são verdadeiras(V) ou falsas(F):
   ( ) No processo de decodificação e ressignificação, o público precisa de ferramentas interpretativas para ter uma fruição significativa da arte.
   ( ) A linguagem musical, por si, é suficiente para qualquer circunstância de fluxo de capital artístico, dispensando outros meios.
   ( ) Programar peças de configurações musicais muito distantes em um mesmo concerto dificulta a logística da apresentação.

   Agora, assinale a alternativa que corresponde corretamente à sequência obtida:

   a) F, F, F.
   b) F, F, V.
   c) V, F, V.
   d) V, V, F.
   e) V, V, V.

2. Assinale a alternativa que identifica uma abordagem adequada da obra *Jesu, Rex Admirabilis*
   a) As edições de partitura com divisão de compassos facilitam a gestualidade da marcação dos tempos.
   b) A letra, que não pertence propriamente à linguagem musical, é um complemento acessório para justificar a sacralidade da obra, dispensável para a análise interpretativa musical.
   c) A obra precisa ser cantada na altura musical em que está escrita, sem nenhum tipo de transposição.

d) A linha de regência permite construir um caminho entre as vozes com elementos musicais que o regente considere mais significativos.

e) Se a partitura não contém elementos de notação de dinâmicas, significa que a obra originalmente não tem essa camada e precisa ser cantada na mesma intensidade do começo ao fim.

2. Indique se as afirmações a seguir são verdadeiras (V) ou falsas (F) segundo o estudo interpretativo da obra *Onde está a honestidade?*

( ) O autor é considerado um dos maiores compositores de samba do Brasil, e isso precisa ser valorizado dentro do fluxo de capital artístico.

( ) Fazer um arranjo com abertura vocal é trair a obra, pois originalmente o refrão foi pensado apenas para vozes em uníssono.

( ) Não ter referências interpretativas disponíveis é um problema, pois falta apoio interpretativo.

Agora, assinale a alternativa que corresponde corretamente à sequência obtida:

a) V, V, F.
b) F, F, V.
c) V, F, F.
d) F, V, V.
e) V, V, V.

4. Assinale a alternativa que incoerente com o estudo proposto da *Sinfonia n. 2*, de Beethoven:
   a) Saber que Beethoven já sofria de surdez na época em que a obra foi composta atiça o interesse interpretativo sobre como tal fato pode ter afetado o processo composicional.
   b) As informações iniciais da partitura sugerem que a obra seja regida inicialmente em tempo subdividido.
   c) Todo o primeiro trecho estudado neste capítulo, até o compasso 11, tem de ser regido em 3/4, pois essa é a fórmula de compasso que aparece na partitura.
   d) A utilização de dois planos de regência é interessante não só pelo comportamento dinâmico, mas também pela organização instrumental.
   e) O trecho estudado neste capítulo apresenta partes articuladas em *legato*, sugerindo um gesto mais arredondado, e outras partes em *staccato*, indicando um gesto mais em ponta nos pontos de contato com o plano de regência.

3. Indique se as afirmações a seguir são verdadeiras (V) ou falsas (F):
   ( ) Decisões interpretativas não são aleatórias, mas fundamentadas no capital artístico da obra a partir da subjetividade do regente.
   ( ) Para grupos iniciantes, dependendo do grau técnico dos músicos e da dificuldade da obra, é preciso adotar métodos pedagógicos por meio dos quais se possa preparar os musicistas para encarar a obra.
   ( ) O processo artesanal da elaboração de uma interpretação faz parte da atividade artística da regência.

Agora, assinale a alternativa que corresponde corretamente à sequência obtida:

a) V, V, V.
b) V, V, F.
c) V, F, V.
d) F, V, V.
e) F, F, V.

Atividades de aprendizagem

Questões para reflexão

1. Em sua comunidade local, como você articularia a emissão e a recepção do capital artístico da obra *Jesu, Rex Admirabilis*?

2. Para você, as escolhas gestuais feitas no estudo da obra *Onde está a honestidade?* foram acertadas? Você poderia sugerir outra abordagem interpretativa e gestual?

Atividade aplicada: prática

1. Convide um grupo de amigos músicos para, apenas como prática, interpretar, sob sua regência, o trecho estudado da *Sinfonia n. 2* de Beethoven. Caso não seja possível contar com os músicos específicos da formação musical da obra, pode-se substituí-los por outros instrumentos segundo convenha. Grave a prática. Posteriormente, assista-a e faça uma análise da qualidade e da efetividade de seus gestos.

CONSIDERAÇÕES FINAIS

Assim como a regência nos afeta quando estamos expostos a ela, nós também a afetamos com nosso jeito brasileiro e latino-americano de ser.

A regência é como uma parceira que poderá proporcionar grandes alegrias, mas também exigirá grandes sacrifícios. Talvez o primeiro grande sacrifício de um músico, para abraçá-la, seja se manter em silêncio, sem emitir som algum, enquanto os colegas diante dele se divertem com os efeitos sonoros de seus instrumentos. No entanto, aos poucos, o regente percebe que o instrumento que toca são os seres humanos que fazem parte do grupo musical (vocal/instrumental). E assim como todo instrumentista tem que passar árduas horas estudando com seu instrumento, atendo-se a cada detalhe de sua execução e superando dia a dia os desafios técnicos que cada nova obra propõe, o regente precisa praticar com seu grupo vocal/instrumental. Como declaramos neste livro, o método de estudo em frente ao espelho consiste em uma preparação importante, mas é diante do grupo que o regente cresce de fato, entre erros e acertos.

É com base nessa premissa que não demos a este livro um título exageradamente chamativo (como *O que nunca lhe disseram sobre a prática da regência*). Contudo, reconhecemos que muitos dos tópicos aqui abordados não costumam ser contemplados em manuais de regência, os quais apenas reproduzem movimentos de uma tradição engessada. Nosso intuito foi percorrer os "primeiros passos" da regência em um trajeto *pari passu* com a sociedade que nos rodeia e interpela. E caminhar para onde? Musicalmente, como regentes, todos podemos, e devemos, almejar chegar à excelência no desenvolvimento gestual e interpretativo das obras que passam por nossas estantes de partitura. Nesse esforço, pusemo-nos a caminhar com toda uma comunidade de regentes. Alguns estão mais à frente, outros mais no início, mas todos se dirigem à almejada excelência.

Esperamos honestamente que você, leitor(a), tenha aproveitado ao máximo todas as temáticas abordadas neste material, e que siga aprimorando seus estudos, sempre tendo em seu horizonte a excelência!

REFERÊNCIAS

ADLER, S. **The Study of Orchestration**. 3. ed. New York: W. W. Norton & Company, 2002.

BASURKO, X. **O canto cristão na tradição primitiva**. São Paulo: Paulus, 2005.

BEETHOVEN: his Symphonies Critically Discussed. Bristol: Read & Co. Books, 2020. Edição Kindle.

BEETHOVEN, L. van. **Symphonies n. 1, 2, 3 and 4 in Full Score**. Mineola: Dover, 1989.

BEETHOVEN, L. van. **Symphony n. 2, Op. 36 (Beethoven, Ludwig van)**. Disponível em: <https://imslp.org/wiki/Symphony_No.2%2C_Op.36_(Beethoven%2C_Ludwig_van)>. Acesso em: 25 out. 2022.

BENNETT, R. **Elementos básicos da música**. Rio de Janeiro: Jorge Zahar Editor Ltda., 1990.

BENNETT, R. **Instrumentos da orquestra**. Rio de Janeiro: J. Zahar, 1985. (Cadernos de música da Universidade de Cambridge).

BLACKING, J. **How Musical is Man?** Seattle: University of Washington Press, 1974.

BOSSEUR, J.-Y. **Do som ao sinal**: história da notação musical. Curitiba: Ed. da UFPR, 2014.

BOURDIEU, P.; DARBEL, A. **O amor pela arte**: os museus de arte na Europa e seu público. 2. ed. São Paulo: Edusp; Porto Alegre: Zouk, 2007.

CARDINE, E. **Primeiro ano de canto gregoriano e semiologia gregoriana**. São Paulo: Attar/Palas Athena, 1989.

CARROLL, J. R. **The Technique of Gregorian Chironomy**. Ohio: Gregorian Institute of America, 1955.

CHEDIAK, A. **Songbook Noel Rosa**. Rio de Janeiro: Lumiar, 2009. v. 1.

CHRISTIAN BROTHERS. **De La Salle Hymnal**. New York: La Salle Bureau, 1913.

CPDL. **Jesu Rex admirabilis (Giovanni Pierluigi da Palestrina)**. 2020. Disponível em: <http://www0.cpdl.org/wiki/index.php/Jesu_Rex_admirabilis_(Giovanni_Pierluigi_da_Palestrina)>. Acesso em: 25 out. 2022.

DEWEY, E. F. Prefácio. In: CARDINE, E. **Primeiro ano de canto gregoriano e semiologia gregoriana**. São Paulo: Attar/Palas Athena, 1989.

DIB, M. **Música árabe**: expressividade e sutileza. São Paulo: Edição do autor, 2013.

ESM – Eastman School of Music. **Beethoven Symphony Basics at ESM**: Symphony n. 2 in D, Op. 36 (1802). Disponível em: <https://www.esm.rochester.edu/beethoven/symphony-no-2/>. Acesso em: 25 out. 2022.

FERNANDES, A. J. **O regente coral e a construção da sonoridade coral**: uma metodologia de preparo vocal para coros. 479 f. Tese (Doutorado em Música) – Universidade Estadual de Campinas, Campinas, 2009. Disponível em: <https://www.repositorio.unicamp.br/acervo/detalhe/445387>. Acesso em: 18 nov. 2022.

FIGUEIREDO, C. A. Reflexões sobre aspectos da prática coral. In: LAKSCHEVITZ, E. (Org.). **Ensaios**: olhares sobre a música coral brasileira. Rio de Janeiro: Centro de Estudos de Música Coral, 2006. p. 6-49.

FONÉTICA E FONOLOGIA. **Fonética articulatória**: aparelho fonador. Disponível em: <https://fonologia.org/fonetica-articulatoria-aparelho-fonador/>. Acesso em: 24 out. 2022.

FRAGOSO, D. Peteĩ po kyrĩgue mboraei: análise musical de cinco cantos guarani Mbya. **Opus**, v. 25, n. 2, p. 38-69, maio/ago. 2019. Disponível em: <https://www.anppom.com.br/revista/index.php/opus/article/view/opus2019b2503/pdf>. Acesso em: 25 jul. 2022.

FRUIÇÃO. In: **Dicio**. Disponível em: <https://www.dicio.com.br/fruicao/>. Acesso em: 21 out. 2022.

FUCCI-AMATO, R. de C. **Manual de saúde e técnica vocal**: teoria e prática da voz para professores, artistas e comunicadores. São Carlos: J. A. Consultores, 2017.

FUNARTE. **Música Popular 8**: Partituras brasileiras online. Disponível em: <https://www.funarte.gov.br/wp-content/uploads/2020/01/Brazilian-Songbook-Online-popular-08.pdf>. Acesso em: 25 out. 2022.

GERALDO, J. **Evidências do impacto ocupacional da atividade da regência e sugestões de prevenção**. 146 f. Tese (Doutorado em Música) – Universidade Estadual de Campinas, Campinas, 2019. Disponível em: <http://repositorio.unicamp.br/Busca/Download?codigoArquivo=483073>. Acesso em: 20 out. 2022.

GRAMANI, J. E. **Rítmica**. São Paulo: Perspectiva, 2013.

JARDIM, M. (Org.). **Pequeno guia prático para o regente de banda**. Rio de Janeiro: Funarte; Cemus, 2015. v. I. Disponível em: <https://www.funarte.gov.br/wp-content/uploads/2015/08/Guia-para-o-Regente-de-Banda.pdf>. Acesso em: 25 out. 2022.

JEPPESEN, K. **The Style of Palestrina and the Dissonance**. New York: Dover, 1970.

KUBIK, G. **Theory of African Music**. Chicago: The University of Chicago Press, 2010. v. 2.

LABEET – Laboratório de Estudos Etnomusicológicos. **Pífano**. Disponível em: <http://www.ccta.ufpb.br/labeet/contents/paginas/acervo-brazinst/copy_of_aerofones/copy_of_adjulona-s-m>. Acesso em: 25 out. 2022.

LABUTA, J. A. **Basic Conducting Techniques**. 6. ed. New Jersey: Prentice Hall, 2009.

LAGO, S. **A arte da regência**: história, técnica e maestros. São Paulo: Algol, 2008.

LEBRECHT, N. **O mito do maestro**: grandes regentes em busca do poder. Rio de Janeiro: Civilização Brasileira, 2002.

LÜHNING, A.; TUGNY, R. P. de. **Etnomusicologia no Brasil**. Salvador: EDUFBA, 2016. Edição Kindle.

MACDONALD, E. **Jazz Big Band Seating Placement**. Disponível em: <http://www.earlmacdonald.com/jazz-big-band-seating-placement/>. Acesso em: 25 out. 2022.

MANRIQUE YÁÑEZ, J. L. **Fundamentos da regência**: aula 2. Curitiba, 2020a. Notas de aulas.

MANRIQUE YÁÑEZ, J. L. **Fundamentos da regência**: aula 4. Curitiba, 2020b. Notas de aulas.

MANRIQUE YÁÑEZ, J. L. **Fundamentos da regência**: aula 6. Curitiba, 2020c. Notas de aulas.

MANRIQUE YÁÑEZ, J. L. **Regência de banda, coro e orquestra**: aula 1. Curitiba, 2021a. Notas de aulas.

MANRIQUE YÁÑEZ, J. L. **Regência de banda, coro e orquestra**: aula 3. Curitiba, 2021b. Notas de aulas.

MARTINEZ, E. **Regência coral**: princípios básicos. Curitiba: Colégio Dom Bosco, 2000.

MARVIN, C. **Giovanni Pierluigi da Palestrina**: a Research Guide. New York: Routledge, 2002.

MÁXIMO, A.; ALVARENGA, B. **Física**: ensino médio. São Paulo: Scipione, 2006. v. 1.

MILNER, A. The Sacred Capons. **The Musical Times**, v. 114, n. 1561, p. 250-252, 1973.

OERGEL, M. **Zeitgeist**: how Ideas Travel – Politics, Culture and the Public in the Age of Revolution. Boston: De Gruyter, 2019. (Culture & Conflict, Book 13). Edição Kindle.

ORGÂNICO. In: **Dicio**. Disponível em: <https://www.dicio.com.br/organico>. Acesso em: 20 out. 2022.

PAREYSON, L. **Os problemas da estética**. São Paulo: M. Fontes, 2001.

PAREYSON, L. **Verdade e interpretação**. São Paulo: M. Fontes, 2005.

PIERLUIGI DA PALESTRINA, G. **Jesu! Rex Admirabilis**. 1 partitura. Disponível em: <https://imslp.org/wiki/File:WIMA.8663-palestrina_jesu_rex_admirabilis.pdfa)>. Acesso em: 25 out. 2022.

PINTO, S. R. M. **Na roda de samba eu sou bacharel**: análise de 21 canções de Noel Rosa. 139 f. Dissertação (Mestrado em Letras) - Universidade de São Paulo, São Paulo, 2011. Disponível em: <https://www.teses.usp.br/teses/disponiveis/8/8142/tde-20032013-094031/publico/2011_SandraReginaMarcelinoPinto_VCorr.pdf>. Acesso em: 25 out. 2022.

POPULAR BEETHOVEN. **Beethoven's Heiligenstadt Testament**. Disponível em: <https://www.popularbeethoven.com/beethovens-heiligenstadt-testament/>. Acesso em: 25 out. 2022.

QUEIROZ, L. R. Traços de colonialidade na educação superior em música do Brasil: análises a partir de uma trajetória de epistemicídios musicais e exclusões. **Revista da ABEM**, Londrina, v. 25, n. 39, p. 132-159, jul./dez. 2017. Disponível em: <http://www.abemeducacaomusical.com.br/revistas/revistaabem/index.php/revistaabem/article/view/726/501>. Acesso em: 25 out. 2022.

RIBEIRO, D. **O povo brasileiro**. São Paulo: Global, 2014.

SCHEFFER, J. A. **Amor pela música**: sobre o fluxo do capital artístico entre a orquestra e o público. 301 f. Tese (Doutorado em Música) – Universidade Federal do Paraná, Curitiba, 2019. Disponível em: <https://acervodigital.ufpr.br/bitstream/handle/1884/64038/R%20-%20T%20-%20JORGE%20AUGUSTO%20SCHEFFER.pdf?sequence=1&isAllowed=y>. Acesso em: 24 out. 2022.

SCHUENEMANN, G. **Geschichte des Dirigierens**. Leipzig: Druck und Verlag von Breitkopf & Hartel, 1913.

SOLESMES. **Abbaye Saint-Pierre Solesmes**. Disponível em: <https://www.solesmes.eu>. Acesso em: 21 out. 2022.

VEROVIO, S. **Diletto spirituale**: canzonette a tre et a quattro voci. Rome: Simone Verovio, 1586.

VIRET, J. **Canto gregoriano**: uma abordagem introdutória. Curitiba: Ed. da UFPR, 2015.

VOLPE, M. A. O legado de Gerard Béhague (1937-2005). **Revista Brasileira de Música**, v. 23, n. 1, p. 167-173, 2010. Disponível em: <https://revistas.ufrj.br/index.php/rbm/article/view/29360/16501>. Acesso em: 24 out. 2022.

WISNIK, J. M. **O som e o sentido**: uma outra história das músicas. 3. ed. São Paulo: Companhia das Letras, 2017.

ZANDER, O. **Regência coral**. 5. ed. Porto Alegre: Movimento, 2003.

BIBLIOGRAFIA COMENTADA

ADLER, S. **The Study of Orchestration**. 3rd. ed. New York: W. W. Norton & Company, 2002.

Trata-se de um dos estudos mais completos sobre orquestração conhecidos até hoje. Na primeira parte, são abordadas em detalhes as características e técnicas de todos os instrumentos considerados em uma configuração orquestral contemporânea. Na segunda, o grupo orquestral é compreendido em seu conjunto, mediante o exame de suas diversas combinações e efeitos. Todos os exemplos são acompanhados por gravações reais feitas em estúdio, além de vídeos demonstrando as diversas técnicas.

FERNANDES, A. J. **O regente coral e a construção da sonoridade coral**: uma metodologia de preparo vocal para coros. 479 f. Tese (Doutorado em Música) – Universidade Estadual de Campinas, Campinas, 2009. Disponível em: <https://www.repositorio.unicamp.br/acervo/detalhe/445387>. Acesso em: 18 nov. 2022.

Esta tese é um manual que se destaca em amplitude e em profundidade, dirigida a regentes que querem se aperfeiçoar no âmbito da preparação vocal de grupos corais. O estudo analisa a sonoridade e os traços estilísticos de repertórios corais da Renascença, do Barroco, do Classicismo, do Romantismo e da música do século XX, incluindo a música coral brasileira. Entre os aspectos técnicos abordados para a construção da sonoridade coral, estão a administração da respiração, a ressonância vocal, a dicção, a registração vocal, o timbre, o vibrato, a homogeneidade, o equilíbrio, a afinação e a precisão rítmica.

FUNARTE – Fundação Nacional de Artes. **Partituras brasileiras on-line internacional**. Coleção on-line. Disponível em: <https://www.funarte.gov.br/partituras-brasileiras-online/>. Acesso em: 19 out. 2022.

A coleção de partituras brasileiras *on-line* está dividida em volumes agrupados em três categorias: música popular, música de concerto e bandas de música. Este projeto da Fundação Nacional de Artes (Funarte) reúne aproximadamente 1.200 partituras disponibilizadas gratuitamente. Concebido para a difusão nacional e internacional da música brasileira, cada volume é acompanhado de textos em vários idiomas que explicam a carga cultural que as músicas carregam, facilitando a apropriação interpretativa do conteúdo sonoro.

GERALDO, J.; FERNANDES, A.; RASSLAN, M. **Regência em pauta**: diálogos sobre o canto coral e regência. Campo Grande: Ed. da UFMS, 2021.

Este livro é fruto do evento *on-line* de mesmo nome referente à ação de extensão "Movimento Coral da UFMS – temporada 2020", realizado pela Faculdade de Artes, Letras e Comunicação da Fundação Universidade Federal de Mato Grosso do Sul, entre os meses de setembro e outubro de 2020. Em suas páginas, compila sete tópicos, um em cada capítulo, com seus respectivos autores/palestrantes, que foram apresentados no evento em questão. A obra, de distribuição digital gratuita, faz uma atualização acadêmica oportuna sobre alguns dos assuntos de maior interesse da regência no Brasil, com ênfase na regência coral.

GRAMANI, J. E. **Rítmica**. São Paulo: Perspectiva, 2013.

Nesse trabalho, a proposta de Gramani é altamente prática, pois apresenta uma coleção de exercícios e peças curtas de contraponto polirrítmico, desafiando músicos de todo tipo de nível técnico. A ideia é desenvolver a sensibilidade rítmica por meio de séries rítmicas contrapostas a ostinatos, constantes mudanças de compasso, jogos de acentuação e outras articulações rítmicas. Se você está pensando em reger música segundo as propostas estéticas nascidas no século XX, um treinamento prévio com este livro é muito aconselhável.

LAGO, S. **A arte da regência**: história, técnica e maestros. São Paulo: Algol, 2008.

Essa é uma obra de leitura leve, em virtude de sua proposta redacional, mas com grande impacto para qualquer regente que deseja se alimentar do legado de vida de vários dos regentes mais experimentados da história. Com uma visão internacional sustentada na tradição europeia, mas sem desconsiderar o território brasileiro, o autor reúne comentários, discussões musicológicas, dados históricos, personagens importantes e noções técnicas que revelam verdadeiramente uma arte da regência viva e em movimento.

SUNDBERG, J. **Ciência da voz**: fatos sobre a voz na fala e no canto. São Paulo: Edusp, 2015.

O diferencial desse livro em relação a outros da área da fisiologia vocal é que ele não está limitado à descrição do aparelho fonador e suas funções biológicas. A obra se destaca por mostrar cientificamente, mediante experiências de laboratório registradas em gráficos, os resultados acústicos dos elementos que compõem os instrumentos do orador e do cantor. Dessa forma, o(a) leitor(a) acessa dados técnicos de interesse musical e interpretativo.

PAREYSON, L. **Os problemas da estética**. São Paulo: M. Fontes, 2001.

O que é arte? O que é fazer arte? O que é uma execução artística? Como o ser humano se relaciona com a obra de arte? Por meio dessas perguntas básicas, tal obra percorre conceitualizações necessárias para qualquer atividade artística. Embora o autor faça uma proposta estética própria, ele dialoga com outros autores que o antecederam nessa discussão, ampliando o horizonte de pensamento. Não se trata de um livro restrita à estética musical, uma vez que também versa sobre questões preponderantes da arte em geral – universo no qual a música está contemplada.

ANEXOS

Anexo I – Partitura de *Jesu, Rex Admirabilis*

JESU REX ADMIRABILIS

Giovanni Pierluigi da Palestrina (1525 - 1594)

Fonte: Pierluigi da Palestrina, 2022.

Anexo II – Partitura de *Sinfonia n. 2, em Ré Maior, Op. 36*

Symphony No. 2 in D Major, Op. 36

Fonte: Beethoven, 2022.

APÊNDICE

Apêndice – Partitura de Onde está a honestidade?

Onde está a honestidade?

Para flauta, acompanhamento e trio vocal SAB

Arranjo: José Luis Manrique

Noel Rosa (1910-1937)

1. Você tem palacete reluzente. Tem jóias e criados à vontade.
2. O seu dinheiro nasce de repente. E embora não se saiba se é verdade
3. Vassoura dos salões da sociedade. Que varreo que encontrar em sua frente.

Sem ter nenhuma herança nem parente.
Você a acha nas ruas diariamente.
Promove festivais de caridade.

Só anda de automóvel na cidade.
A néis, dinheiro e até felicidade
Em nome de qualquer defunto ausente.

Contato: joseluismy@gmail.com

RESPOSTAS

Capítulo 1
Atividades de autoavaliação

1. e
2. c
3. a
4. d
5. e

Capítulo 2
Atividades de autoavaliação

1. b
2. c
3. e
4. b
5. e

Capítulo 3
Atividades de autoavaliação

1. b
2. d
3. a
4. b
5. d

Capítulo 4
Atividades de autoavaliação

1. c
2. a
3. d
4. a
5. e